Cindy Edeling

Eigentlich wollte ich immer perfekt sein

… mein Leben als alles begann …

Das Leben mit einer Depression

Vielen Dank an meine Familie,
die zu jeder Zeit an meiner Seite
waren und all das
mit mir durchlebten.

1. Taschenbuch Auflage 2013
Copyright by Cindy Edeling und
Herstellung und Verlag:
BoD
Books on Demand, Norderstedt
ISBN 978-3-7322-3271-0

www.bod.de

www.meine-blickwinkel.jimdo.de

Die Gedanken,
Ängste ,
Auslöser und
das Leben
eines Depressiven.

Eine Wahre
Geschichte,
geschrieben und
durchlebt
von:

C. Edeling

Vorwort

Liebe Leser und Leserinnen,
ich bedanke mich im Vorfeld sehr für Ihr
Interesse an diesem Buch. Für mich war es bis heute ein
Traum dass ich mit meiner Geschichte einmal jemanden
erreichen kann. Das Krankheitsbild der Depression ist
sehr komplex. So viele Menschen haben sie bereits und
wissen es nicht und noch viel mehr haben jemanden in
seinem näheren Umfeld und können nicht helfen.
Man sollte eine Depression niemals unterschätzen oder
gar an ihr vorbeischauen, denn was alles passieren kann
sieht man mittlerweile sogar in den Medien.
Dennoch fällt es den meisten Menschen schwer damit
umzugehen und Erkrankten fällt es noch schwerer damit
zu leben. Ich möchte mit meiner Geschichte jedem
Menschen einen Einblick in das Gedankenchaos geben
und hoffe, dass Sie somit mehr verstehen lernen. Ebenso
möchte ich Personen die an einer Depression leiden
zeigen, dass es irgendwie immer einen Ausweg gibt.
Alles dauert seine Zeit, aber alles ist machbar. Wenn man
nicht allein da steht!

... Öffnet Eure Augen und Ihr werdet sehen
was vorher einmal im Dunklen war...

C. Edeling

Inhaltsverzeichnis:

Mein Leben als alles begann:

Was mit mir und meinem Leben passierte, begriff ich erst nach einigen Jahren. Mein Leben schien immer perfekt. Alles was ich mir vornahm, gelang mir auch. In der Schule gab es, wie bei jedem anderen auch, Höhen und Tiefen, aber den Abschluss habe ich geschafft.

Meine Ausbildung beendete ich erfolgreich nach zweieinhalb Jahren. Es war zwar nie der Beruf den ich erlernen wollte, dennoch habe ich die Lehre voll abgeschlossen. Einzelhandel war zwar nicht das Beste, aber es war besser als nichts. In meinem Hobby war ich ebenfalls sehr erfolgreich. Ich bekam viele Auszeichnungen durch gewonnene Turniere, was allerdings dazu beitrug immer alles noch besser zu machen. Die Beziehung zu meinem damaligen Ehemann wurde begleitet durch ein ständiges Auf und Ab, aber das gehört einfach zum Leben dazu. Eine typische Teenager Beziehung, die in eine Ehe überging. Aber hat vielleicht das schon zu dem geführt, wie ich jetzt bin? Wir waren oft getrennt und um den Schmerz zu verarbeiten fing ich an, mich mit Scherben und Messern selbst zu verletzen. Ich dachte ich hätte alles im Griff, denn mein Leben lief ja auch sonst perfekt. Aber anscheinend versetzte mir das wohl damals schon einen Knacks.

Stand ich nicht im Mittelpunkt?

Wurde ich nicht geliebt wie ich es wollte?

Kam ich mir allein vor?

Wenn ich da genauer drüber nachdenke ist einiges einleuchtend, weshalb ich das tat aber andererseits, muss man sich deshalb weh tun?

Das Leben ist kein Ponyhof und das begriff ich schnell, aber driftet man deshalb ab? Was ist geschehen? Ich hatte immer ein Vorbild, an dem ich mein Leben messen wollte und nachdem ich auch versucht habe zu leben.

Meine große Schwester. Sie hatte das Leben, was ich schon immer haben wollte. Der Besitz einer Doppelhaushälfte, drei gesunde Kinder, einen liebenden Ehemann und vor allem hatten beide einen Job. Sie fuhren sogar ein bis zweimal im Jahr in den Urlaub. So und nicht anders wollte ich auch sein.

Alles im Griff haben und das Leben in vollem Umfang genießen können. Sich etwas leisten können, wenn man hart genug gearbeitet hat. Eben einfach mal glücklich sein. Glücklich als Familie und als Ehepaar, so wie es andere Leute auch sind. Doch diese Vorstellung von einem perfekten Leben, erwies sich schwerer als gedacht. Mal ging es mir beruflich, seelisch und auch in all den anderen Dingen gut und mal ging gar nichts. Nie hatte ich das Gefühl etwas erreicht zu haben, nie hatte ich das Gefühl, es ist alles so wie es sein sollte. Ist das normal? Geht es anderen Menschen genauso wie mir? Oder sehe ich das erst anders, seitdem ich die Geburt meines Sohnes hinter mir habe? Ich weiß es nicht. Ich weiß nur, dass seitdem alles anders ist! Klar ist das Leben anders, wenn man ein Kind hat. Man denkt anders, man handelt anders, man lebt einen anderen Rhythmus, man blickt anders in die Zukunft. Alles dreht sich um ein anderes Leben, aber nicht mehr um das seine. Kam ich zu kurz? Durfte ich als Mutter überhaupt das Gefühl haben zu kurz zu kommen oder ist man dann selbstsüchtig? Ist das einfach der Lauf der Dinge? Mein altes Leben fand ich besser. Gestresst von der Schule nach Hause, Rucksack in die Ecke, Mama hat das Essen gemacht. Man war eben frei. Ich hab das getan, was jeder Jugendliche so macht. Raus gehen, Leute treffen, für die Schule lernen und Party feiern. Ich hatte mein Leben im Griff. Ich kam nie vom normalen Weg ab und trotzdem machte ich das, was ich wollte. Das Leben war schön! Was ist jetzt?

Ich war sportlich, hatte meinen Ausgleich, hatte meine Anerkennung durch gewonnene Turniere und durch stolze Eltern. Ich wurde belohnt für all meine Taten. Doch das ist vorbei! Ich weiß, dass man als Elternteil zurückstecken muss, weil das Kind eben jetzt an erster Stelle steht, aber muss man wirklich auf alles verzichten? Sport ade, die Arbeit ade, Freunde ade. Ist das wirklich der Lauf der Dinge? Wenn ja warum? Sehe ich das alles falsch? Gebe ich der Geburt die Schuld an dem, wie ich jetzt bin und was mit mir war? Dabei wollte ich dieses Leben, diese Ehe und dieses Kind so unbedingt! Das und nichts anderes war mein Ziel. Nun sitze ich depressiv zu Hause und werde umzingelt von so unendlich vielen Gedanken. Gedanken die mich an meinem Leben zweifeln lassen, Gedanken die meine Zukunft in Frage stellen. Gedanken über alles und jenes, und es frisst mich auf. Ich will wieder normal sein, die Zügel selbst in die Hand nehmen und meinen Weg gehen, aber mir fehlt so sehr die Kraft. Was muss ich tun um alles wieder zurückzubekommen? Ist es wirklich so, dass mit einem

Kind das eigenen Leben vorbei ist? Wenn nicht, wie machen andere Eltern das?

Alle sind sie so glücklich. Alle fahren sie in den Urlaub und genießen ihre Zeit miteinander. Für mich ist Urlaub wenn ich allein bin und tun und lassen kann wonach mir gerade ist! Bin ich anders deswegen? Bin ich eine schlechte Mama oder ist einfach mein Charakter so? Bin ich eher der Vatertyp? Liegt so etwas in den Genen? Ich denke nicht, denn meine Mama hat sechs Kinder groß gezogen und sie hat es perfekt gemacht! Alle groß, alle vernünftig, alle mit beiden Beinen fest im Leben. Ich weiß nicht was bei mir anders ist. Vor allem nicht, warum es bei mir anders ist. Geht das vorbei? Wenn man das so alles liest, fragt man sich, ob die Geburt meines Sohnes geplant war oder ob es einfach passiert ist. Na ja einfach passieren kann so etwas ja eigentlich eh nicht. Nein, es war geplant. Ich hatte all das, was ich immer haben wollte. Einen guten Job in der Stadt. Ich war 23 Jahre alt, lange genug mit meinem damaligen Mann zusammen und sogar die Party Zeit war ausgelebt. Ich wollte Mutter werden. Wir wollten Eltern werden. Es sollten immer zwei Kinder sein. Erst einen Jungen und eventuell zwei Jahre später ein Mädchen, damit der große Bruder immer auf seine kleine Schwester aufpassen kann. So sah für mich eine perfekte Familie aus.

Dann war es endlich soweit und ich wurde schwanger. Die Freude darüber war so enorm. Ich habe diese Nachricht gleich jedem erzählt! Das Stadt leben war zwar schön, aber für mein Kind, sollte das nicht das Leben sein, was ich mir für ihn und für uns gewünscht hatte. Wir zogen wieder in das Dorf zurück, indem ich und sein

Vater aufwuchsen und uns kennenlernten. In das Dorf, indem unsere Familie und Freunde wohnten. Mein Kind sollte in den Straßen spielen, in denen ich auch spielte. Es sollte die gleiche Schule besuchen, wie ich und sein Vater. Nur aus dem Grund, weil das für mich das absolut perfekte Leben war. Wäre die Stadt vielleicht doch besser gewesen? Nein, an unserem Umzug zweifel ich bis heute nicht. Es war das richtige. Meine Schwangerschaft war nicht die Beste aber das gehört wohl auch dazu, wenn man eben Mama wird. Ich bin ziemlich klein, hatte 22 Kilo zugenommen, bekam Schwangerschaftszucker und im siebten fast achten Monat auch leider Vorwehen. Ich habe die ersten Monate unentwegt gebrochen, mein Kreislauf spielte verrückt, ich hätte den ganzen Tag schlafen können und noch vieles mehr. Trotzdem haben wir es geschafft. Es wurde ein Junge. Genau das, was ich wollte. Der große Bruder, der später auf seine kleine Schwester aufpasst, war unterwegs und bahnte sich den Weg in die Welt. So ziemlich zum Schluss der Schwangerschaft, verließen mich jedoch die Kräfte. Ich wollte nicht mehr. Ich konnte mich kaum noch bewegen. Ich wollte meinen Körper wieder für mich haben. Auf den Bauch schlafen können. Essen und trinken können was man will. Wieder frei und allein meinen Körper für mich haben, das wollte ich. Ich wollte mein Kind auf dem Arm tragen, es sehen und zeigen können, stolz sein. Ich wollte endlich Mama sein.

… manchmal ist das Leben was man lebt
nicht das Leben was man leben wollte.
Manchmal muss man von Neuen beginnen um zu
lernen, wie man leben sollte...

Alles hat sich verändert:

Es war soweit. Auf einmal kündigte sich unser Sohn an. Mit dem Gedanken der PDA (Periduralanästhesie / Rückenmark Spritze) und einem eventuell anstehenden Kaiserschnitt hatte ich mich schon abgefunden. Dass die Ärzte nicht gleich auf die Idee gekommen sind einen Kaiserschnitt bei einer 1,48 m kleinen Dame zu machen, ist mir bis heute ein Rätsel. Jeder sagte zu mir es wird eine Schnittgeburt und auch ich wusste es. Aber nein, Ärzte versuchen wohl erst einmal alles, bis es eben nicht mehr geht. So viele Frauen auf der Welt bekommen einen Kaiserschnitt, weil sie keine Lust haben den normalen Weg zu gehen. Sie bekommen einen Kaiserschnitt, weil sie ein paar Tage über dem errechneten Termin sind. Sie bekommen einen Kaiserschnitt aus so unendlich vielen Gründen. Ich nicht und das obwohl es so offensichtlich war, dass ich es nicht normal schaffen würde. Kurz vor meinem errechneten Geburtstermin ging ich zu meinem Frauenarzt, mit der Bitte, dass Kind zu holen da ich mit den Kräften am Ende war. Ich habe allein in der letzten Schwangerschaftswoche fast fünf Kilogramm an Wasser zugenommen. Ich konnte mich nicht mehr bewegen und war absolut kraftlos. Ich bekam also eine Überweisung ins Krankenhaus, mit der Bitte um Einleitung. Fünf Tage wurde eingeleitet. Fünf Tage mit Schmerzen. Fünf Tage mit ständigen Wehen. Warum fünf Tage? Weil ich Tabletten bekam und keinen Tropf, Gel oder was man eben sonst noch so tun kann. Nein ich bekam Tabletten zum Einnehmen, die angeblich die Wehen fördern und somit die Geburt auslösen sollten. Wenn die Wirkung allerdings Abends nachgelassen hat, hieß es … „Wir machen morgen weiter!" Fünf Tage mit Schmerzen und ich konnte nicht mehr! Ich habe geweint, gehofft und gebetet. Es war ein ständiges Auf und Ab zwischen glücklich sein und Enttäuschungen. Am sechsten Tag war es soweit, es war morgens um 11.00 Uhr, die Fruchtblase platzte. Es ging los. Mein Kind ist bald da! Doch auch da, wie es der Zufall so wollte, lief es nicht wie geplant. Ich kam gleich in Richtung Kreißsaal, kurze Untersuchung, der Muttermund war offen. Zu diesem Zeitpunkt hatte ich schon solche Schmerzen, dass ich nach der PDA gerufen habe. Doch da ich in einem extra Wartezimmer saß, weil alle Kreißsäle belegt waren, kam die PDA derzeit nicht in Frage. Ich musste also warten. Trotz meiner Schmerzen, der Müdigkeit und Schwäche der letzten Tage, musste ich durchhalten. Nach langem Hin und Her gab man mir vorerst eine schmerzstillende Spritze und bis heute bin ich der Meinung dass ich gegen diese allergisch war. Kaum war das Medikament in mir wurde mir schwindelig. Mir wurde so schlecht, mein Herz raste und ich brach zusammen. Ich hatte um Hilfe gebeten aber es tat sich nichts. Stattdessen musste ich mich ständig übergeben, während ich mich auf der Liege vor Schmerzen rekelte. Ich war zu schwach zum Stehen oder gar Sitzen. Irgendwann kam ich dann in den Kreißsaal. An alles kann ich mich nicht mehr erinnern, weil ich mir vorkam als wenn man mir Drogen verabreicht hätte. Ich habe mich gefühlt wie ein Tier, dessen Tod schon kurz bevor stand und man hat mich meinem Schicksal überlassen. Mein damaliger Mann und meine Freundin, versuchten alles für mich zu tun. Sie taten mir so leid, weil sie sich so etwas mit ansehen mussten. 13 Stunden hat die Geburt gedauert. 13 Stunden in denen ich mich bestimmt fünf bis zehnmal übergeben musste, aufgrund dieser Spritze. Die PDA, die ich dann auch irgendwann mal bekam, half auch nicht richtig. Mein rechtes Bein war gelähmt und mein Mann musste alle zwanzig Minuten diese PDA nach dosieren, weil diese Schmerzen unerträglich waren. 13 Stunden mit Schmerzen, hilflos und wie unter Drogen, keiner hat mich erlöst. Ich konnte nicht reden, weil ich brechen musste. Ich konnte nicht schlafen vor Schmerzen. Ich konnte nicht weinen vor Kraftlosigkeit. Ich konnte gar nichts. Ich wollte nur dass dieser Alptraum ein Ende hat und all das endlich vorbei ist. Meine Freundin hat für ruhige Musik gesorgt, damit ich eine kleine Ablenkung habe. Diese CD lief rauf und runter. Ich kann mich an keines der Lieder erinnern, aber diese CD holte mich ein wenig aus meinem Alptraum.

Sie hat mir regelmäßig die Lippen befeuchtet, damit sie vor Trockenheit nicht reißen. Da man nach der PDA nichts trinken durfte, wollte sie mir damit eben einen Gefallen tun. Ich weiß nicht was die Beiden während den 13 Stunden alles erlebt haben, wie sie mich gesehen haben oder sich gefühlt haben. Ich für meinen Teil wollte einfach nur noch meine Ruhe haben. Stille. Nichts tun, nicht reden, nicht atmen, keine Schmerzen mehr, keine Ärzte mehr, einfach nichts. Bei der zweiten Presswehe hat man dann endlich gesehen, dass mein Becken zu klein war und dass mein Kind keine Möglichkeit hat, normal auf die Welt zu kommen. Prima, dachte ich mir, das hätte ich Euch auch früher sagen können. Man hätte mir fünf Tage Einleitung 13 Stunden Wehen und dieses ganze Chaos ersparen können. Ich hätte all das nicht miterleben müssen. Ich war an meinem Limit, ich hatte teilweise Todesängste und habe an mir und allem anderen gezweifelt. Ich konnte nicht mehr und Die warten ab bis sie sehen, das mein Becken zu klein ist? Ich war in diesem Moment zwar erleichtert, weil ich wusste dass sie das ganze Theater jetzt beenden aber, hätte all das sein müssen? Ich bekam einen Wehenhemmer, der mich glauben ließ, das mein Leben nun ein Ende hat. Mein Herz schlug so doll, das ich dachte mein Brustkorb bricht. Nach kurzer Zeit konnte ich nicht einmal mehr alles davon in mir behalten und übergab mich erneut. Sie zogen mir Thrombose Strümpfe (Kompressionsstrümpfe zur Entlastung der Venen) an, wobei ich in meinem Zustand auch noch helfen sollte. Wie denn? Mein rechtes Bein war gelähmt! Ich war einfach am Ende und in Gedanken kurz vorm Sterben und die Ärzte kommen mir mit solch einem Kram.

Ziemlich schnell, war ich dann auf einer anderen Liege und man brachte mich in den OP! Auf einmal ging alles sehr rasch. Es war wie ein Film, der an mir vorbei zog und ich wartete nur noch auf das Happy End, aber daraus wurde nichts. Notkaiserschnitt! Rechts waren Ärzte, links waren Ärzte, vor und hinter mir waren auch Ärzte. Meine Arme wurden festgeschnallt, meine Bein nur noch richtig hingelegt. Überall Geräte, Schläuche, Geräusche und Hektik, aber dann ging endlich das Licht aus. Die Narkose wirkte. Ruhe, es war vorbei. Ich war allein, endlich wieder für mich. Ich konnte schlafen und wollte auch, dass es vorerst dabei bleibt. Keine Schmerzen, keine Hektik, kein Stress, einfach nur Ruhe vor alle dem was war. Nur eine kleine Spritze, die einem das gibt was man sich am meisten wünscht. Hätte das alles sein müssen? Prägt mich das vielleicht für den Rest meines Lebens? Soll mir dies eine Lehre sein? Ein zweites Kind, nein danke, ich will keins mehr. Ich wurde zerstört, meine ganze Zuversicht, mein Wunsch nach einer perfekten Familie und Urlaub zu viert. Einfach der Wunsch danach, zu Haus zu sein und für die Kinder da sein zu können, wurde zunichte gemacht. Dieses Erlebnis hatte schon nach kurzer Zeit alles in mir kaputt gemacht. All mein Zuversicht war weg, ich fühlte mich wie ausgewechselt. Es fühlte sich an, als hätte ich mich selbst verloren. Doch dann… Wachte ich auf!

Die Stille der Narkose verschwand und was sah ich? Einen lächelnden Ehemann, eine glückliche Freundin und ein Kind, was meines sein sollte. Angezogen, gewaschen und völlig verschlafen. Er war so klein und so süß aber ich fühlte nichts. Ich sah in seine dunkelbraunen Augen und empfand Leere. Ich war müde und wollte einfach nur allein sein. Nehmt das Kind mit und lasst mich bitte schlafen. Und sie haben Ihn mitgenommen. Ich konnte nicht glauben, dass ich jetzt Mama war. Das ich nach all dem, was in den letzten Tagen mit mir passiert ist, gleich 100 Prozent geben muss. Ganz egal wie es mir ging. Ich wollte mich erholen, aber nach mir hat keiner gefragt. Es wurde sich um die Narbe an meinem Bauch und um mein Kind gekümmert aber was ist mit meiner Seele? Ich war immer noch in dem Gefühl der Entbindung gefangen und es hat niemand gesehen. Ich wollte allein sein, um mich zu sammeln, aber es ging nicht. Da mein Sohnemann erhöhte Entzündungswerte hatte, musste er vorerst in die Kinderklinik. Ich war also vorerst für mich allein. Doch was war dann? Alle fragten nach dem Kind, alle waren beängstigt, weil er in der Kinderklinik lag. Schafft der kleine Mann das denn? Was ist mit mir? 13 Std. für nichts? Eine zehn Zentimeter lange Narbe die mir höllische Schmerzen bereitet für nichts? Warum? Ich hätte jemanden gebrauchen können, der mir unter die

Arme greift. Laut Aussage einer Krankenschwester war ich auch schuld daran, dass mein Kind in der Kinderklinik lag, weil ich meinen Mann in meiner Nähe hab rauchen lassen! Ich heiße das Rauchen in der Schwangerschaft nicht gut, aber an erhöhten Entzündungswerten muss nicht das Rauchen schuld sein. Mein Kind war schließlich etwas überfällig, ich selbst am Ende meiner Kräfte und zuvor war ich Wochenlang Erkältet. Aber klar, ich war Schuld. Ich hatte bestimmt auch Schuld an dem ganzen Theater was ich durchgemacht habe. Was ist mit mir? Bin ich nicht in der Lage dazu ein Kind in die Welt zu setzen? Hat man es nicht gut mit mir gemeint, weshalb ich mich fühlte als wenn man mir Drogen verabreicht hätte? Für was werde ich bestraft? Ich wollte nur noch allein sein. Nichts sehen, nichts hören und vergessen.

Stillen wollte ich damals von vorn herein nicht. Ich wusste, das ich es nicht schaffen würde weiterhin auf so vieles zu verzichten. Und durch das Fläschchen geben, konnte auch mal der Papa zu Hause bleiben. Fast 14 Tage lag ich von der Einleitung an bis zur Entlassung im Krankenhaus. Ist eigentlich nicht lange, aber es kam mir vor wie eine Ewigkeit. Zu Hause angekommen, kümmerte ich mich erst einmal um meine Katze, die auch nichts mehr von mir wissen wollte! Nachbarn, Freunde und Familie kamen vorbei aber nicht wegen mir und um zu fragen ob es mir gut ginge. Nein wegen dem Kind! Ich habe tagelang geweint und keiner hat es gesehen. Wenn mein Kind wach war, hatte es immer jemand Anderes auf dem Arm. Nur ich nicht weil, ich es nicht konnte. Ich wollte in Ruhe gelassen werden. Bei jedem Duschen, anziehen und dem Blick in den Spiegel wurde ich an all die Schmerzen erinnert, wenn ich meine Narbe sah. Und das ist bis heute so. Jahre danach! Ich war keine glückliche Mutter, denn ich wollte einfach nur für mich sein. Mein Sohn hatte zu allem Überfluss auch noch die drei Monatskoliken (exzessives Schreien). Drei Monate hat er ständig geschrien. Ich besorgte mir Baldrian (Beruhigungstropfen), aber auch das half nicht. Ich habe doppelt so viel geraucht, um ruhig zu bleiben, aus Angst meinem Sohn etwas antun zu können. Ich wollte, dass er schläft, ich wollte allein sein, ich wollte das mein Mann bei mir bleibt damit er sich um den kleinen kümmern kann. Ich wollte keine Mutter sein, denn ich konnte es nicht! Er hat geschrien. Alles was ich gemacht hab schien falsch zu sein und dazu kamen auch noch die ständigen Schmerzen der Narbe. Mein ganzer Körper schien mich im Stich zu lassen. Ich verlor meine Weiblichkeit. Wenn ich in den Spiegel blickte, sah ich aus wie ein kleiner Junge. Seelisch und Körperlich am Ende, was ist das für ein Leben? Werde ich das schaffen? Kann ich wieder normal leben nach all den entsetzlichen Erinnerungen und den offensichtlichen Mängeln an mir? Ich zog mich nicht mehr vor meinem Mann aus. Wir kamen uns nur noch selten nahe. Ich ging nicht einmal mehr in ein Schwimmbad. Selbst wenn man die Narbe nicht sah, aber die fehlende Oberweite blieb. Alles war weg, alles war anders, ich wollte wieder ich sein. Jedes mal wenn mein Sohn nach mir schrie, stieg in mir ein sehr starke Unruhe und Angst auf. Ich hatte Panik, fing an zu zittern, mein Herz raste und mir standen Tränen in den Augen. Es gab Momente da bekam ich ihn nicht zum einschlafen. Ich ließ ihn im Bett liegen bis Ruhe eintrat! Ich konnte mit ihm nichts anfangen. Es ging einfach nicht. So sehr ich auch eine gute Mutter sein wollte es ging einfach nicht.

Ich habe versucht mit meiner Mutter drüber zu sprechen und auch mit meinem damaligen Mann, aber keiner hat gesehen, das es mir nicht gut ging. Keiner hat mir geholfen. Habe ich mich nicht klar genug ausgedrückt? Hätte man es überhaupt sehen können? Fällt es auf, wenn eine Mutter krank ist und sich von ihrem Kind distanziert? Ich glaube in so einem Moment sieht man alles durch die sogenannte rosarote Brille und alles Schlechte bleibt einem fern.

Wer bin ich? Was ist mit mir los?

Ich war allein. Und ich musste, wie auch schon bei der Entbindung allein stark sein. Monate gingen ins Land, bis mein Mann miterlebte, wie ich an den Gedanken und Gefühlen die ich hatte zusammenbrach. Doch Hilfe hat mir keiner geholt. Manche sagten ich bilde mir das alles nur ein und morgen sei das alles wieder weg. Ich bräuchte keine Hilfe. Vor anderen habe ich es verschwiegen, denn man muss ja eine gute Mama sein. Ich wollte raus von zu Haus. Je mehr ich mich von meinem Kind und meinen Erinnerungen entfernte, desto besser. Ich bekam einen Job. Unser Sohn war vier Monate alt und ging zur Tagesmama, während ich arbeiten war. Dort hatte ich wenigstens alles im Griff und mein Mann und die Tagesmama kümmerten sich hervorragend um meinen kleinen. Doch besser ging es mir auch nicht! Zumindest nie dann, wenn ich wusste, dass mein Feierabend nahte und ich wieder nach Hause musste. Denn dort warteten die Pflichten einer Mutter. Die Pflichten, die mich an all das erinnern, was passiert war und das jeden Tag aufs neue. Wenn ich abends in meiner Stube saß und das Babyfon sein Licht von grün auf rot änderte, kam die Panik in mir auf. Ich hatte Angst, nicht nur vor Ihm, sondern vor den Erinnerungen. Tat er das absichtlich? Natürlich wollte er zur Mama aber musste das sein? Hätte er nicht einfach nur schlafen können? Ich hatte Angst davor abends ins Bett zu gehen, denn immer genau dann, wenn ich mich hinlegte, leuchtete das rote Licht und ich war wieder wach. Selbst wenn es nur leuchtete, weil er sich im Bett drehte. Es machte mir so viel Angst das ich keine Ruhe fand. Mir

fehlte der Schlaf. Klar musste man als Mama jede Nacht raus und das öfter als nur einmal. Aber ich schlief nie, oder kaum, denn ich hatte immer Angst davor, gleich wieder aufstehen zu müssen. Es war mir gänzlich unmöglich abzuschalten. Ich hatte sogar Anfälle von so genannten Panikattacken (das plötzliche Auftreten körperlicher und psychischer Alarmreaktionen).
Schweißausbrüche, Herzrasen, Schwindel, Übelkeit und das Zittern am ganzen Leib. Ich bekam kaum Luft oder setzte beim Versuch zu schlafen, mit dem Atmen aus. Ich war ein Wrack und die Arbeit war das einzige was mich ablenkte. Dort bekam ich ein wenig Anerkennung für all meine Taten und selbst wenn man viel Stress hatte, war ich dort gerne. Denn ich hatte Zeit für mich. Besser ging es mir aber trotzdem nie. Von der Ablenkung her, die ich hatte schon, aber körperlich wurde es immer schlimmer. Hat mir die Entbindung meinen Körper kaputt gemacht? Hat mein Kind mir all meine Energie geraubt? Ich wurde ständig krank. Ich bekam eine Lebensmittelallergie, die mich bis auf 37 Kilo Körpergewicht runter magern ließ und meine Neurodermitis wurde auch immer schlimmer. Nächtelang konnte ich nicht schlafen, weil ich mir die Füße blutig gekratzt habe. Tagelang konnte ich vor Schmerzen nicht laufen und das seit der Geburt. Es wurde einfach nicht weniger. Zum Glück war es ja nur an den Füßen und da ich im Sommer wegen meiner fehlenden Weiblichkeit eh nicht baden ging, sah auch keiner meine Füße! Ich konnte ja auch zu Hause bleiben, da hatte ich wenigstens nicht so viel um die Ohren. Ich bekam einen Tinnitus (Ohren pfeifen), meine Augen spielten verrückt. Ich bin oft zusammengebrochen, denn der fehlende Schlaf raubte mir meine letzten Kräfte. Trotz Ablenkung durch die Arbeit und jedem Versuch

positiv zu denken, mein Leben wieder in den Griff zu bekommen, ging es mir nicht gut. Die Erinnerung an die Entbindung hat mich kaputt gemacht und es gabt keinen Weg zurück!

Ein Jahr hat es gedauert bis man feststellte, dass ich diese Lebensmittelallergie hatte. Ständig hatte ich Bauchschmerzen, mir war andauernd schwindelig, ich hatte Stimmungsschwankungen und war bis auf 37 Kilo abgemagert. Ich war Stammkunde bei dem Arzt meines Vertrauens. Doch auch er hat die Ursache für all das nicht finden können. Es ging mir immer schlechter. Ich war im Durchschnitt alle zwei Wochen, wegen Körperlichen Symptomen bei meinem Arzt. Doch es half nichts. nichts hat mich wieder normal gemacht. Irgendwann kam man auf die Diagnose Burnout-Syndrom (das Gefühl von innerlichem Ausbrennen)und ich bekam Vitaminpräparate, um meinen Körper wieder zu stärken. Doch damit ging es mir noch schlechter. Ich fing sogar im tiefsten Winter mit Joggen an, trotz der wenigen Zeit die ich hatte. Zwischen Arbeiten und eine gute Mutter sein wollen, passt nicht viel eigene Zeit! Mein Körper signalisierte mir immer mehr, dass etwas nicht in Ordnung ist, aber ich habe die vielen Zeichen einfach nicht gesehen. Das Bild der Geburt blieb felsenfest in meinem Kopf verankert, ich habe immer versucht es beiseite zu schieben, in der Hoffnung das es vergeht. Denn wenn ich nur ordentlich genug abgelenkt bin klappt das alles schon. Nächster Arzt, Diagnose Fruchtzucker Malabsorbtion (Unverträglichkeit) also, Lebensmittel umstellen und bloß wieder zunehmen. Keine Früchte mehr (aß ich ja zum Glück eh nie viel) kaum noch Gemüse, keine Fertigprodukte mehr. Meine gesamte

Nahrung musste von Grund auf geändert werden. Und noch mehr wurde mir vom Leben genommen. Meine Freiheit, meine Weiblichkeit, meine Haut, mein Inneres, alles war kaputt. Unwiderruflich kaputt und ich konnte einfach nichts ändern. Es dauerte, aber ich gewöhnte mich dann endlich an das Fruchtzuckerproblem und lebte eben damit. Was blieb, war aber all das andere. Ständig rannte ich zum Arzt. Ich beschloss ihn zu wechseln und dort ging das ganze von vorne los. Auch dort tauchte ich mehrfach im Monat auf. Schwindelgefühl, ständig war ich müde, egal wie lang ich schlief. Ich hatte schlechte Laune, ich wollte keine Nähe zu egal wem. Rückenschmerzen über Wochen, Seitenstiche plagten mich, meine Augen spielten verrückt und setzten aus, ich kam nicht zur Ruhe. Alles was ich tat, tat ich aus einem Zwang heraus. Bloß nicht zur Ruhe kommen, denn dann verfolgten mich Gedanken. Gedanken die ich nicht haben wollte. Also weiter arbeiten. Ich bin regelrecht zur Arbeit geflüchtet. Aus einem 400 Euro Job wurde nach wenigen Monaten eine Festanstellung. Prima, mehr Arbeit, weniger zu Hause, weniger Erinnerungen an die ich gerate. Da mein Sohn eh eine gute Tagesmutter hatte, brauchte ich mir darüber ja keine Gedanken machen. Sie holte ihn ab und passte so lange auf ihn auf, wie ich arbeiten musste. Wenn ich Feierabend hatte brachtet sie ihn mir und ich legte ihn nur noch ins Bett. Aber blieb bei all dem, Zeit für mich? Klar, hatte ich die Arbeit, aber auch das ist Stress. Anschließend schnell nach Hause, fünf Minuten später ist das Kind da. Kind beschäftigen und es ins Bett bringen. Auch da blieb keine Zeit für mich. Ich hatte meine Zeit eigentlich nur noch im Bett für mich. Ich wollte schlafen, ich war kaputt und mir fehlte die nötige Energie. Es gab für mich keine Hoffnung mehr, dieses Leben so zu meistern, wie ich es mir erträumt hatte. Bei diesen Tagesabläufen gab es keinen Platz mehr für meine Bedürfnisse. Ich ging abends spät ins Bett, wenn meine Serien vorbei waren. Schlief bis um 8 Uhr, dann stand mein Kind auf. Später machten mein Mann, mein Sohn und ich uns gemeinsam fertig. Es gab Frühstück von   10 bis 11 Uhr, dann wurde aufgeräumt. Es war Zeit sich für die Arbeit fertig zu machen. Anschließend noch fünf Minuten, um mit meinem Mann eine zu rauchen und   um 12 Uhr los zur Arbeit. Feierabend hatte ich gegen 20 Uhr. Also ab nach Hause, Kind in Empfang nehmen, bettgehfertig machen und dann war mein Tag zu Ende.   War das so normal? Eigentlich doch schon, denn andere Familien gingen auch arbeiten und hatten nebenbei noch Kinder. Warum zerrte das bei mir so an den Kräften?

Ich brauchte etwas für mich. Besorgte mir also eine Reitbeteiligung. Prima, endlich einen Ausgleich und dann auch noch Sport, besser hätte es nicht sein können. So hatte ich es mir vorgenommen, aber auch das ging nach hinten los. Jedes mal, wenn ich Reiten wollte, tat ich das am Wochenende, wenn mein Mann zu Hause war. Nur damit er nicht so lange allein war und allein aufs Kind aufpassen musste, bin ich immer um 12 Uhr aus dem Haus und war spätestens um 15 Uhr zurück, wenn unser Sohn fertig war mit Mittagsschlaf machen. Also hatte ich auch da wieder Stress pur. Ständig an Zeiten gebunden und den Zwang zu haben zu Hause alles zu 100 Prozent machen zu müssen. Warum lebte ich so? Setzte ich mich selbst zu sehr unter Druck? War mein Leben einfach nicht gut genug durchdacht, weshalb ich mir immer diesen Stress machte? Von dann bis dann muss ich arbeiten, von dann bis dann muss ich mich um das Kind kümmern, von dann bis dann habe ich den Haushalt zu erledigen und von dann bis dann darf ich Reiten gehen, weil ich eben auch noch Pflichten habe! Sah so ein ganz normales Leben aus oder machte ich mir dieses Chaos selbst? Warum sah ich die Dinge seitdem ich Mutter war, so verbissen? Ist das so, wenn man mehr Verantwortung übernimmt? Wo bleibt das Leben und wo bleibe ich? Ich fand einfach keinen Weg mehr in ein normales Leben, mit einem ganz normalen Rhythmus zurück. Ich war nur noch am Arbeiten, und das selbst dann, wenn ich zu Hause war. Denn selbst das Mutter sein, war für mich Arbeit pur.

Aber ist das noch normal? Ich spürte kein Glück wenn ich mein Kind auf dem Arm trug oder Freude wenn er mal lächelte. Ich schaute ihn an, aber sah ihn nicht. Ich hielt ihn fest, aber spürte ihn nicht. Er gehörte zu mir und fühlte sich dennoch so fremd an. Leere war das einzige, was ich spürte. Wie hätte ich das alles nur anders machen können, damit es trotzdem 100 Prozent ergab. Alles musste perfekt sein, denn ich wollte ja schließlich auch das perfekte Leben haben. Mein Haushalt musste auch immer zu 100 Prozent erledigt sein, denn wenn mal jemand vorbei kommt und es ist dreckig, war ich eben nicht perfekt. Aber warum setzte ich mich immer und immer wieder so unter Druck? Ich grübelte auch nicht über einen dreckigen Tisch nach, wenn ich woanders zu Besuch war. Mich interessierte es nicht, dass andere Leute Wäsche in ihrer Wäschebox hatten wenn ich da war. Aber bei mir durfte das nicht sein. Ich wollte allen Leuten zeigen, dass ich mein Leben im Griff hatte. Eine gute Mutter bin, die nebenbei auch noch arbeitet. Nur wofür? Bekam ich ein Lob von meinen Gästen wenn mein Haus sauber war? Interessierte es mein Kind, dass ich sein Zimmer ständig wische? Sagte mein Mann zu mir, dass ich es toll gemacht hätte wenn ich immer 100 Prozent gab? Nein!

Aber machen musste ich es doch trotzdem, denn sonst macht es ja eh keiner. So zumindest hatte ich das Gefühl. War das ein Zwang?

Eines habe ich auf jeden Fall gelernt, Ruhe haben und gleichzeitig perfekt sein geht nicht. Oder es klappte bei mir zumindest nicht. Es sah keiner was ich leistete, weil es alle für normal hielten. Doch das mich diese Belastung irgendwann einholt war vorherzusehen.

Ich habe endlich eine Antwort:

In zwei Jahren zwei Nervenzusammenbrüche und ständig krank. Mein Körper sagte mir, dass etwas nicht stimmt aber was war nur mit mir los? Werde ich eine von den Langzeitarbeitslosen, die nichts mehr schaffen? Was stimmt mit mir nicht? Nach einem weiteren Nervenzusammenbruch folgte wieder einmal ein Arztwechsel. Und diese gute Dame stellte fest, dass ich unter einer posttraumatische Belastungsstörung (psychische Erkrankung nach Traumatischen Erlebnissen) und eine schwere Depression leide. Endlich hatte ich die Lösung nach der ich schon so ewig lange suchte.

Ich wusste nach der Entbindung damals, dass ich an Wochenbettdepressionen litt aber ich wollte es schaffen und geglaubt hatte mir eh keiner. Also dachte ich, das ich das allein meistere. Ich habe auch schon andere Dinge hinter mir. Und nun? Mein Kopf ist krank und das stand fest. Ich war krank und brauchte eine Therapie. Ich war 25 Jahre alt und musste Antidepressiva (Psychopharmaka) nehmen, damit es mir endlich wieder besser ging. Glitt mir mein Leben soweit aus den Händen, das ich diese Medikamente brauchte? Warum passierte das mir und nicht anderen Leuten? Und selbst als ich diese Diagnose schwarz auf weiß hatte, glaubte mir trotzdem niemand. Ich würde mir das alles nur einbilden und Kopf krank ist nicht richtig krank und schon gar nicht ernst zu nehmen. Wenn ich mir das Bein gebrochen hätte, würden die Leute sehen was mit mir los ist, aber so sehe ich ja normal aus. Also leben die Leute neben mir genauso wie früher. Wenn ich müde war und keine Kraft mehr hatte, sah es aus als wenn ich einfach nur verschlafen war. Dass dies zu dem Krankheitsbild gehörte verstand keiner! Wenn ich launisch war und mich mit meinem Mann stritt, sahen die Leute einfach nur den Streit, aber nie das diese Krankheit mit dahinter steckt. Sechs Millionen Menschen erkranken jährlich an einer Depression, so viel steht fest. Dass es aber eine wirklich ernstzunehmende und schwere Krankheit will niemand wahr nehmen. Ich stand also wieder allein da. Mein Mann und meine Mama verstanden mittlerweile warum ich mich so benahm, aber Freunde und andere Bekannte wollten es nicht verstehen und verurteilten mich. Vielleicht wollten sie es auch nicht sehen weil es nicht die Norm ist. Durch die Antidepressiva ging es mir schon etwas besser. Jetzt hieß es nur noch auf einen Therapieplatz in einer Klinik warten. Ich wusste nicht wie ich das noch alles aushalten sollte. Zwei Jahre musste ich kämpfen und bin daran zusammengebrochen. Zwei Jahre hätte es besser laufen können, wenn einiges anders gewesen wäre. Ich wäre eine gute Mutter gewesen, ich hätte mich nicht zu Tode gearbeitet. Ich hätte mein Sohn lieben können, ohne es als Stress zu empfinden. Und dann kam endlich ein Anruf! Nur noch ein paar Tage, dann folgte ein erstes Vorstellungsgespräch in einer Klinik. Ich hatte so verdammt viel Hoffnung und zeitgleich so verdammt viel Angst. Acht bis zwölf Wochen Therapiedauer sind veranschlagt und ich wollte nichts mehr, als dass ich danach wieder normal durchs Leben gehen kann. Endlich einer der den Ernst der Lage sieht und endlich jemand, der mir unter die Arme greift und mir hilft. Es gab einen Funken Hoffnung, mein Leben nach dem Klinikaufenthalt wieder normal leben zu können.

Ich werde wieder gesund. An einigen Tagen hatte ich wieder eine positive Einstellung. aber an den meisten Tagen saß ich weiterhin weinend und allein gelassen zu Hause. Diese Depression, bei der ich jetzt endlich weiß dass ich sie habe, ist nicht einzuschätzen. Ich war gefangen. Gefangen in einer Welt, die nur ich besiegen konnte. Bestraft durch eine Geburt, die so hätte nicht sein sollen. Eingekesselt in einem Käfig voller Gefühle und Ängste den Weg nicht heraus zu finden. Es wartet noch so viel auf mich. Werde ich eine glückliche Frau, Mutter und Ehefrau? Wie sollte ich das noch alles schaffen, nachdem schon zwei Jahre ins Land gestrichen sind? Waren meine Gedanken noch soweit greifbar, dass man sie therapieren konnte oder bildete ich mir das alles wirklich nur ein und ich war eigentlich doch normal? Ich hätte nie gedacht, dass so etwas einmal mit mir passiert. Ich hatte doch immer alles im Griff. Alles was ich wollte war doch da wo es sein sollte. Alles war, wie es sein sollte. Ich hatte Freunde, eine tolle Familie, eine große Wohnung und bis vor kurzem auch noch einen Job. Den Job verlor ich auch nur wegen der Krankheit.

Zwei Jahre tat ich was ich konnte und dann fiel man mir in den Rücken. Wie oft werde ich noch allein gelassen? War das wieder einmal der Lauf der Dinge die das Leben so mit sich bringt? Oder tritt ich vielleicht nur von einem Fettnäpfchen ins Nächste? Sah ich mein Leben noch normal oder aus der Sicht einer Depressiven. Wenn ich mir meine Zeilen mal so durchlese, kommt es mir so vor, als würde all das jemand ganz anderes schreiben. Andererseits sind diese Zeilen so selbstverständlich für mich, dass ich denke andere Leute sind nicht normal. Mein Kopf umschloss weiterhin so unendlich viele

Gedanken die mich einfach nicht aufhören wollten. Wie wird der Tag morgen? Was mache ich heute noch? Habe ich die Kraft diese Therapie durchzustehen? Wie wird meine Zukunft aussehen? Ich wusste weder ein noch aus. Kann ich irgendwann wieder arbeiten gehen? Werde ich eine gute Mutter oder bleibe ich so wie ich derzeit bin? Die letzten Wochen die ich zu Hause war, um wieder Kräfte zu sammeln, zogen so unendlich schnell an mir vorbei. Bis ich allerdings wieder Diejenige bin, die ich früher war, werden wohl noch Monate oder Jahre vergehen. Diejenige, die ihr Leben immer im Griff hatte. Ich habe mich während schlimmsten Phasen nur noch in meine Wohnung verbannt. Ich ging nicht raus, ich hatte keinen Besuch und mein Kind war regelmäßig bei seiner Tagesmama untergebracht. Auch wenn ich es noch so sehr wollte, ich konnte mich einfach nicht um ihn kümmern. Das einzige wonach ich mich sehnte war Ruhe. Wenn ich sie dann allerdings hatte, war es mir zu ruhig. Ich wollte raus gehen Freunde besuchen, aber dann hatte ich eben wieder keine Zeit für mich. Ich hätte gerne Besuch gehabt, um mit jemanden Kaffee zu trinken, aber dann war ich wieder nicht allein und raus schmeißen konnte ich die Leute ja auch nicht einfach. Einfach einmal allein spazieren gehen, die Gedanken sammeln, aber bei dem Wetter? Überall Schnee und eine Eiseskälte. Ich musste die Wohnung noch sauber machen, aber musste mich beeilen, denn vorher kam ich nicht zur Ruhe. Ohne diese konnte kein Kaffee trinken und mich nicht einfach auf die Couch setzen. Was ist richtig und was falsch. Was tut mir gut und was nicht? Meine Gedanken waren so durcheinander, nichts ergab einen Sinn. Einfach alles wurde tausendmal hinterfragt, ob ich wollte oder nicht. Es gab keine klaren Gedankengänge.

Mein Kopf machte unwillkürlich jedes Vorhaben zunichte und ich konnte nichts dagegen tun. Ich war so müde und konnte nicht schlafen. Immer wenn ich die Augen schloss, kamen mehr Gedanken. Ich war so kraftlos und fand keine Möglichkeit abzuschalten. Jegliches Handeln, stellte ich in Frage. Egal was ich machen wollte, meine Gedanken kontrollierten mich so stark, das ich letztendlich nichts tat, weil es keine Lösung gab. Mein Körper und meine Seele waren erschöpft. Mein Mann war ständig arbeiten und ich saß alleingelassen, mit Entscheidungsschwäche zu Hause herum. Meine Freundin konnte mir auch nicht helfen, denn auch sie zu diesem Zeitpunkt viel mit sich selbst zu tun. Ich fing an zu schreiben, um meinen Gedanken einmal freien Lauf zu lassen. Aber jedes Mal wurde es mehr. Mein Kopf wurde einfach nicht leerer. Er füllte sich immer und immer wieder mit so unendlich vielen Gedanken das ich gar nicht wusste, ob das je wieder aufhört.

Half es mir überhaupt alles einmal aufzuschreiben? Ich sah ja eh kein Ende.
Wenn ich mir meine Freunde und Familie mal so anschaute, kam Neid in mir auf. Alle um mich herum, lebten ihr leben ohne Einschränkungen. Ich wollte doch auch wieder so sein wie früher. Einfach In den Tag hinein leben wie ich es immer tat. Mit Kind müsste das doch wohl auch gehen oder?
Aufstehen, frühstücken, rausgehen, etwas unternehmen, abends baden, zu Abend essen und ab ins Bett. Es schien so einfach zu sein und es war trotz allem so schwer. Das schlimmste was mir in der Zeit allerdings widerfahren ist, war dass ich Suizidgedanken hatte. Ich hatte keinen

meiner Gedanken mehr unter Kontrolle und es war keiner da, der mir hätte helfen können. Mein Mann auf Nachtschicht, mein Sohn zum Glück im Bett und ich allein. Ich war so müde. Habe nächtelang nicht geschlafen. Mir schien der Gedanke sich zu erhängen wäre wohl das Beste. Ich lag wie gefesselt in meinem Bett und konnte mich auch nicht ablenken. Ich wollte meinen Mann anrufen, um mich von diesem Gedanken zu befreien, doch es ging nicht. Ich wollte aufstehen, um eine zu rauchen aber ich hatte keine Kraft. Ich wollte den Fernseher anmachen, um etwas anderes zu sehen, aber es ging einfach nicht. Ich war so besessen davon mir das Leben zu nehmen, denn ich sah einfach keinen Ausweg. Meine ganze Zuversicht war auf einmal weg und das einzige was mir das Gefühl von Erleichterung gab, war der Gedanke daran nicht einmal mehr Atmen zu müssen. Ist das Folge der Tabletten gewesen? Das konnte sein. Oder brachte so etwas eine Depression mit sich. Etwa eine Stunde lang, die mir vor kam als würde sie kein Ende finden, fraß mich der Gedanke des erhängen`s auf. Einfach ein Seil schnappen, es um die Balken in meinem Schlafzimmer binden und meinem Kopf seine lang ersehnte Ruhe gönnen. Keine ewig lang dauernde Therapie, die mich vielleicht in einigen Monaten erwartet und die mich vielleicht wieder normal macht. Keinen Tag mehr an dem ich mich für irgendetwas hätte entscheiden müssen. Kein Leben als schlechte Mutter und stressige Ehefrau. Kein Leben mit Tabletten und ständiger Hilfe. Ich wollte, dass es einfach nur vorbei ist. Ich wollte, wie bei der Entbindung damals auch, einfach nur noch meine Ruhe haben. Ruhe vor all dem was ist und Ruhe vor all dem was mir noch bevor stand. Ich hatte es aber geschafft. Der Horror war vorbei und ich hoffte, dass so etwas nie wieder zu mir zurück kehren würde. Ich war doch zu jung, um mein Leben zu beenden. Ich hatte doch noch so viele Jahre vor mir. Jahre an denen ich zwar kämpfen musste, um zur Realität zurückzukehren aber das werde ich doch schaffen oder? Mein eigentlich perfektes Leben war damit doch noch nicht erreicht. Meine eigentlich Perfekte Familie, war noch nicht so, wie ich sie gerne hätte. Aber ein zweites Kind, um das zu schaffen, was ich schon immer wollte? Ich denke nicht das, dass so gut ist. Zwei Kinder sollten es immer sein. Der große Bruder, der immer auf seine kleine Schwester aufpasst. Aber die Angst davor, solch eine Entbindung noch einmal zu erleben, stellt sich mir einfach in den Vordergrund. Was ist wenn das gleiche mit mir noch einmal passiert. Muss ich so etwas noch einem Kind antun? Nein das wollte ich nicht. Und was wäre, wenn ich dann die perfekte, liebende Mutter bin, die ich immer sein wollte und dem zweiten Kind mehr Liebe schenken könnte als dem ersten? Nein, auch das kommt für mich nicht in Frage. Mein Sohn, soll doch nicht unter meinen Problemen leiden. Das hat er schon, das weiß ich, aber muss ich es schlimmer machen? Mein Sohn ist das, was ich mir immer erträumt hatte. Er hatte bei der Geburt sogar dunkle Haare und dunkle Augen. So, wie ich mir mein Kind wünschte. Ich konnte ihm bis heute nicht zeigen, wie sehr er ein Wunsch war und es auch noch ist. Ob ich das jemals kann, weiß ich nicht. Meine Beziehung ihm gegenüber hat sich seitdem ich krank zu Hause bin zwar schon verbessert, aber das ist nicht genug. Er braucht mehr Liebe. Ich empfinde nichts und das macht mich sprachlos. Er ist für mich eben einfach nur da und er ist eben ein Teil meines Lebens, aber mehr nicht. Er ist zwar mein Sohn, aber wenn er mal nicht da war, dann vermisste ich ihn nicht einmal. Er war dann eben einfach nicht da und er kam ja auch wieder zurück.

Wenn er etwas Neues konnte, dann freute ich mich zwar, aber naja das ist halt der Lauf der Dinge. Alle Kinder lernen und er tat das ebenfalls. Etwas Besonderes war das für mich nicht. Meine ganze Beziehung zu ihm ist kaputt und daran sind all die Erinnerungen Schuld. Er hatte das Leben, so wie er es durch mich leben musste, nicht verdient und das wusste ich. Dennoch konnte ich es nicht ändern. Ich wollte, aber es ging nicht. Ich war so froh darüber, das Kinder in diesem Alter noch das vergessen was war. Denn sonst würde er mich bestimmt hassen. Für all die Fehler die ich seit der Geburt gemacht habe. Für all das, was ich nie für ihn war. Das ich nicht da war, als er mich brauchte. Gerade nach der Geburt, wo er allein und hilflos in der Kinderklinik lag. Ich war für ihn nicht da und bin es auch jetzt Jahre nach der Geburt nicht. Ich habe die beste Zeit meines Kindes verpasst und ich empfinde nichts. Die ersten Schritte sind mir egal, das erste Lächeln war mir egal, das erste Wort. Nichts von dem ist bei mir in Erinnerung. Das einzige was mir in Erinnerung blieb, sind all die Schmerzen die ich hatte. Der dringliche Wunsch nach Ruhe, die Sehnsucht danach einzuschlafen und nie wieder aufzuwachen. Diese Gedankengänge und damit verbundenen Emotionen, begleiten mich bis heute. Was erzähle ich meinem Sohn, wenn er mich fragt was sein erstes Wort war oder wann sein erster Zahn kam? Was soll ich ihm sagen? „Ich weiß es nicht, denn es hat mich nicht interessiert!" Wie klingt das? Er wird mich hassen dafür. Er wird es nicht verstehen! Versteht mich überhaupt irgendjemand? Ich kann mich nicht einmal selbst verstehen.

Die Gedanken im Kopf,
sie hören nicht auf.
Ich habe das Gefühl,
sie fressen mich auf.

Gefangen im eigenen Kopf:

Wenn man mit einer Depression lebt, lebt man in seiner eigenen defekten Welt. Das habe ich mittlerweile herausbekommen. Verstehen oder helfen, können einem „nahestehende Personen" in diesem Fall nie. Immer wieder beginnt ein Tag aufs Neue. Immer wieder fragt man sich, warum man so lebt. Denn das, was man durch eine Depression erlebt, kann man nicht Leben nennen. Wird das irgendwann wieder besser? Schlägt eine Therapie überhaupt an? Lebe und denke ich irgendwann wieder normal? Jeden Tag diese Fragen und keine Antworten. Ist das nur der Perfektionismus, der zu diesem Denken beiträgt? So nach dem Motto „je schneller man mit einer Behandlung anfängt, umso eher wäre ich wieder normal"? Schon immer war ich jemand der wusste, was er wollte. Ich wusste, wo ich hin gehen wollte und vor allem wusste ich, was ich am nächsten Tag zu erledigen hatte. Ich wusste immer, was auf mich zu kommen würde. Doch durch diese Krankheit, wusste ich nichts. Ich war allein in meiner Welt. Wie vielen Leuten ging es genauso wie mir? Saß vielleicht auch der Nachbar damit gefangen zu Hause? War ich mit all dem doch nicht so allein, wie ich immer dachte? Aber selbst diese Überlegung, führt letztendlich zu nichts. Denn selbst wenn ich jemanden kennen würde, dem es genauso ginge wie mir, würde ich mit dieser Person eh nichts zu tun haben wollen. Hatte ja schließlich meine eigenen Sorgen und Ängste. Da brauchte ich keine Tipps, von jemandem der mein Schicksal teilt. Das einzige was mich mich über Wasser hielt, war mein geregelter Tagesablauf.

Sonst hatte ich nichts, was mir den Tag erleichtert. Ist das nicht schrecklich, wenn man nichts weiter wahr nimmt? Keine Zukunftsgedanken hat und jeden Tag einfach nur versucht, ihn irgendwie zu leben?

Was ist das Leben denn noch Wert, wenn man nur noch den Kaffee hat, an dem man sich erfreut. Klar ist das besser, als wenn man gar nichts mehr hat, aber was ist das denn noch? Und schon wieder kommen Gedanken, die mich daran zweifeln lassen, je wieder so zu werden wie ich einmal war. Jung, sportlich, aktiv, viele Freunde, Lust und vor allem Spaß am Leben.

Was war mit meinen Zielen?

Warum konnte ich sie nicht mehr umsetzen?

Kämpfte ich nicht hart genug?

War ich vielleicht sogar ein nichts?

Ein niemand der einfach nichts auf Reihe bekommt und folge dessen an dem litt was jetzt war. Klasse!

Ein positiver Gedanke. Ich sehnte mich so sehr nach nur einem guten Gedanken, der meine Feststellung über mich selbst über Bord warf. Sag mir doch jemand, das mein Leben bis jetzt super war. Sag mir doch einer, dass die Entbindung mich zwar geprägt hat, aber dass ich damit stark werden würde. Sag mir einer danke, dafür dass ich die letzten zwei Jahre versucht habe allein zu kämpfen. Nein…. es sagt keiner, das was ich mir manchmal einfach wünschte. Hätte es überhaupt jemand geschafft, mich vom Gegenteil zu überzeugen? Konnte mir jemand beibringen, alles geschehene positiv zu sehen?

Ich war 25 Jahre alt, ich nahm drei verschiedene Antidepressiva und zusätzlich Schlafmittel. Ich hatte eine mich immer anlächelnde Narbe am Unterleib. Durch die fehlende Oberweite, fühlte ich mich nicht mehr als Frau. Ich durfte nicht mehr essen, was ich wollte und ich hatte ein Kind, was ich zwar von ganzen Herzen mochte, aber nicht liebe.

Was war das denn?

Was war nur los mit mir?

Für was standen denn die letzten zwei Jahre. Sollte es eine Lehre für die Zukunft sein? Hat Gott sich etwas für mich einfallen lassen, um mich anders zu machen? Wenn ja warum? Mein Leben lief doch immer gut. Ich wollte nichts anderes haben, denn so und nicht anders, sollte es sein. So wie ich es hatte, war es einfach super. Und auf einmal war Schluss damit. Ich saß, während ich schrieb, bei Minusgraden draußen auf meinem Balkon. Ich blickte in die Ferne. Über die mit Schnee bedeckten Felder, eingekuschelt in eine Decke und genoss die Luft. War das die Freiheit die ich immer wollte? Da draußen wo die wenigen Vögel die noch da waren, sangen und sich am Leben erfreuten. Da draußen, wo doch so viele Leute umher irren und man doch so allein ist. Alle waren sie fleißig. Sie fuhren arbeiten, sie gingen Spazieren, sie spielten mit ihren Kindern und Hunden im Garten oder sie genossen einen freien Tag. Da ich ja arbeitslos zu Hause saß, hätte ich ja auch meine Freiheit genießen können. Warum ging ich nicht endlich einmal wieder zu meinen Pferden, die schon seit Monaten auf mich warteten. Ich hätte sie doch putzen können. Oder einfach nur in ihrer Nähe sein, um dem Alltag zu entfliehen. Sie waren sogar bei mir im Ort, ich hätte also nicht einmal großen Aufwand gehabt, um zu ihnen zu fahren. Doch ich konnte nicht. Egal, wie sehr ich es auch wollte, mein Kopf hat mich nicht gelassen. All diese Fragen über, wieso, weshalb und warum, haben mich nicht aus dem Haus gelassen.

Trotz der vielen Zeit die ich für mich hatte, gab es keine Zeit um etwas Anderes zu sehen, als meine vier Wände. Mein Balkon, war der einzige Ort außerhalb meiner Wohnung, an dem ich mich wohl fühlte. Ich genoss die Stille, die der Winter mit sich brachte. Die weiße Landschaft. Die Vögel und die Einsamkeit. Diese Minuten in der Kälte, gaben mir etwas Lebensgefühl zurück, auch wenn es nur von kurzer Dauer war. Es war schön. Nur leider war diese Zeit vergänglich und bald holte mich der Alltag wieder ein. Schon der nächste Tag oder sogar die nächste Stunde, sorgte dafür das mich das innerliche Chaos wieder einholte. Das bisschen Zeit was ich für mich hatte, zog nur so an meinem Leben vorbei. Was waren denn in meiner Situation schon einige Minuten Ruhe? Was bedeutet denn schon ein Tag? Manchmal könnte die Zeit einfach nur stehen bleiben. So wie in den Momenten, in denen ich nichts weiter spürte als die Kälte des Winters. In anderen Momenten hingegen, sollte die Zeit doch bitte rennt. Sie sollte rennen, damit ich endlich wieder schöne Tage erleben konnte. Sie sollte rennen, damit mein Kopf endlich wider Ruhe gibt. Sie sollte rennen, damit ich wieder ich bin. Diese Stille, die dort draußen war, erinnert mich an die erlebte Entbindung. Sie erinnert mich an die Narkose. Ich war es damals und auch auf meinem Balkon, „allein".

Ruhe, der Wind und nichts anderes war bei mir und begleitet mich durch meine Gedanken. Die Kälte, ein wenig Kaffee und meine Zigaretten. Die Dinge die mir den Tag erleichterten. Ich saß Stundenlang auf meinem Balkon, wie auf einem Präsentierteller. Es gingen Leute an mir vorbei, aber es sah mich niemand. War ich so unscheinbar, wie es auch meine Depression war? Jeder Mensch ist in seiner kleinen Welt und ich bin in meiner. Alles hatte seine Richtigkeit, nur mein Leben nicht. Alles ging geordnete Bahnen. Die Autos fuhren auf der rechten Straßenseite, wie es sein sollte. Die Leute redeten miteinander, wie es sich gehörte. Jeder grüßte sich, weil es der Höflichkeit gebührte. Nur bei mir war nichts klar und nichts richtig. Es ging mal Auf mal Ab. Mal Vor und mal weit Zurück. Manchmal trat ich auf der Stelle und sah kein vorankommen. Würde sich daran etwas ändern? Was könnte eine Therapie bewirken? Acht bis zwölf Wochen, ganz allein weg von zu Hause. Mein Mann, mein Sohn, und meine Familie lasse ich zurück. Keine Freunde, keine Eltern, keine Geschwister. Niemand ist dort. Es sind Fremde Leute, die mir versuchen wollten zu helfen. Gespräche über Gespräche, Gruppen und Einzeltherapien. Zehn bis zwölf Wochen in einer fremden Umgebung. Ich wäre dort zwar allein sein und endlich für mich. Aber die Angst davor, diese Therapie zu beenden und es hätte nichts gebracht, war enorm? Hat eine Depression überhaupt ein Ende? Man sagt, das diese Krankheit doppelt so lange braucht um zu vergehen, wie sie gebraucht hat zu kommen. Werde ich folge dessen die nächsten vier Jahre gefesselt in Gedanken sein? Werde ich erst dann eine richtige Mama sein können, wenn mein Kind bereits sechs Jahre alt ist und in die Schule geht? Eine Mutter, die das Leben ihres

Sohnes verpasst. All die wichtigen Ereignisse würden an mir vorbeiziehen. Ich würde an ihm vorbei leben. Einfach nur als Teil seines Lebens aber nicht als Mutter die er braucht. Sollte es so sein? Musste es so sein? Wird er mich jemals verstehen oder mir niemals verzeihen? Wird er es vergessen oder wird es ihn für den Rest seines Lebens prägen? Oder war ich als Mutter doch nicht so schlecht, wie ich dachte. Die Unruhe ihm gegenüber, verschwand immerhin stückchenweise. Wir sangen abends, wenn er ins Bett ging gemeinsam La Le Lu, während er kuschelnd in meinen Armen lag. Wir frühstückten gemeinsam und saßen ab und an gemeinsam in der Badewanne. Ich konnte ihm sogar immer öfter sagen, das ich ihn lieb hatte. Aber war das schon genug? War das ein Anfang oder sogar schon all das, was ich für ihn sein konnte? In den letzten zwei Jahren lief nichts, so wie ich es mir gewünscht hatte. Ich wollte mir mindestens drei Jahre Erziehungsurlaub nehmen, um für meinen Kleinen Liebling voll und ganz da sein zu können. Aber ich tat es nicht. Ganz im Gegenteil. Er war vier Monate alt, als ich wieder anfing zu Arbeiten. Und ich war stolz darauf und prahlte damit, das ich eine Mutter sei, die nebenbei arbeitet. Dabei hatte ich alles verpasst. Wenn andere Mütter sich mit mir unterhielten, über all die Erfolgserlebnisse die sie mit ihren Kindern so hatten, empfand ich nichts, außer Wut. Es hat mich innerlich zerrissen, weil sie all das hatten was ich haben wollte. Sie fuhren mit ihren Kindern zu Schwimmkursen, um mit ihnen gemeinsam zu lernen. Sie waren in Krabbelgruppen und tauschten sich untereinander aus. Es berührte mich nie und das tat es auch heute nicht. Wenn all diese Mütter stolz das erste Wort ihres Nachkommens ausplauderten, fühlte ich mich nur genervt. Alle redeten sie und wollten sogar noch ein zweites Kind. Denn auch die Geburt, war bei ihnen ja das absolut schönste Erlebnis in ihrem Leben. Alles gelang ihnen prima. Und was war bei mir? Immerhin ging ich nach einer schweren Geburt, gleich wieder arbeiten. Mein Kind kerngesund und in super Händen bei seiner Tagesmama. War das nicht auch etwas? Nein war es nicht. Denn das Leben einer normalen Mutter, sieht anders aus. Fragt mich, wie viel mein Kind wog, fragt mich um wie viel Uhr er zur Welt kam oder fragt mich wie groß er war! Ich kann es euch bis heute nicht beantworten. Und jedes Mal, wenn ich in seinem Babyalbum nach der Geburtsseite blätterte, um mir die Daten einzuprägen, jedes mal dann hatte ich es trotzdem wieder vergessen. Ich konnte es mir nicht merken. Denn immer dann, wenn ich diese Daten las, um an das eigentliche Wunder der Welt erinnert zu werden, wurde ich an den Tot erinnert. Es war der Tot meiner Seele und meines Lebens. Es war kein Neuanfang, wie für all die anderen Menschen mit Kindern. Nein es war für mich, ein nie verarbeitetes Ende. Das Ende meines Lebens und meiner Seele. Meine Seele war gefangen, in dem Kreißsaal, indem ich lag. Hilflos in den Händen anderer Leute, die einem nicht helfen wollten. Oder die nicht sehen wollten, dass ich Hilfe gebraucht hätte und das noch viel früher als nach der zweiten Presswehe. Einsam mit Schmerzen, die nicht enden wollten. Ein einfach unvergessliches Erlebnis mit Ängsten davor, es nicht zu schaffen und diese Entbindung nicht zu überleben. Gefangen in einem Körper, der schon seit langem nicht mehr mein Eigener war. Dabei sehnte ich mich so, nach dem Moment Schwanger und vor allem Mutter zu werden. Ein gemeinsames Kind mit meinem Mann zu haben, was mich an unsere Liebe erinnern sollte. Ein Kind was eben meines ist. Ich wollte ihm ein Leben schenken. Ein Leben mit einer hervorragenden Mutter, die in ihrem Leben eigentlich alles perfekt gemeistert hat. Ich wollte ihm die richtige Richtung weisen, nur leider ging all das nicht. Alles wollte ich ihm beibringen. Die ersten drei Jahren gemeinsam, mit meinem Kind zu Hause sein und das Leben zusammen genießen. Bilder malen, zusammen Basteln, mit anderen Kindern auf dem Spielplatz spielen. Mein Sohn sollte eine unvergessliche Kindheit haben. Er sollte das haben, was sich jede Mutter für ihr Kind wünscht. Es ist nichts der gleichen passiert. Basteln, spielen und die Welt entdecken, tat er bei seiner Tagesmama. Es war Glück für mich und meinem Sohn, das diese Dame in unser Leben trat.

Um aber noch einmal auf die Gespräche der anderen Mamas zurück zu kommen, kann ich bis heute nichts von alledem, was die anderen so erzählen nachvollziehen. Sie redeten und redeten und waren übermäßig stolz. Interessierten sich denn eigentlich überhaupt andere Mamas über das können der anderen Kinder oder war das mehr ein Kampf, der da von statten ging. Ich habe nie über meinen kleinen erzählt. Zwar vorrangig, weil ich nichts wusste und auch nicht reden wollte, aber eben auch aus dem Grund, das ich dachte es würde eh niemand wissen wollen, was mein Kind macht und was nicht. Das was mich immer am meisten verletzte, waren Gespräche über die jeweiligen Entbindungen. Klar hatte ich auch ab und an mal mit gesprochen, aber ich wollte meine Erinnerungen nie gerne teilen und mich dadurch in den Vordergrund drängeln. Unverständlich war für mich auch, dass alle immer ein zweites oder gar noch ein drittes Kind wollten. Klar wollte ich das auch einmal, aber für was nimmt man denn freiwillig solche Schmerzen in kauf? Etliche Monate in denen man zunimmt. In denen man sich übergeben muss und unausstehlich wird. Man kann Zucker kriegen, muss sich an so viele Regeln halten und hat dann noch Stundenlang Schmerzen. Für was? Für ein Kind was im nach hinein noch Wochen lang weint? Vielleicht hatte ich einfach keine Geduld für so etwas. Ich konnte mich nicht in die Lage anderer Mütter versetzen und verstanden habe ich sie auch nie. Aber sicherlich verstand mich auch niemand. War ich anders deswegen? Oder einfach nur krank und es ist wirklich heilbar. War es meine Lebenseinstellung, die sich einfach nur von Grund auf änderte, oder tickte mein Kopf nicht richtig. Schauspielern sich all die anderen Familien diese heile Welt einfach nur gegenseitig vor weil man die Realität nur ungern preis gibt? Seht euch doch nur einmal die Leute im Fernsehen an. All die Geburten und ach so glücklichen Eltern. Das ist nicht die Realität. Ich wollte immer so sein wie die, die so glücklich aussahen aber die Wirklichkeit sah einfach ganz anders aus. So ist es nun mal. Was machen denn die ganzen Prominenten, wenn ihr Kind schreit? Wenn es krank ist und den ganzen Tag an den Kräften zerrt? Wenn es Nächtelang wach im Bett lag. Was tun all diese Leute? Ich wäre sauer und würde mich in solchen Situationen am liebsten unter meine Bettdecke verkriechen, damit ich nichts höre und nichts sehe und einfach auch nicht da bin. Ich hatte das Bedürfnis mich um mein eigenes Leben zu kümmern. Oder zählt das jetzt nicht mehr? Hatte ich mein Leben gegen sein Leben eingetauscht? Konnte mein Sohn jetzt das sein, was ich einmal war?

Aber mit 25 Jahren kann doch das Leben noch kein Ende haben oder? Ich stand doch immer auf eigenen Beinen und das konnte ich doch jetzt auch noch. Es kam mir vor, als hätte mir jemand all das genommen was ich je besaß. Mein Optimismus war weg, meine Kraft verloren, weder lachen noch weinen können. Ich konnte gerade so Atmen ohne Probleme und zu allem anderen war ich nicht mehr in der Lage. Die Zeit zog ständig an mir vorbei und geändert hat sich nichts. Jeden Tag die gleichen Gedanken, mal etwas positiver und mal noch negativer als sie so schon waren. Wie ich diese Tage verabscheute, die mich vollkommen aus der Bahn warfen. Aber bei einer Depression war das wohl so und es sollte mich noch weit aus länger begleiten als mir lieb war.

Die Kunst
im Leben
besteht
nicht darin,
die äußere
Hülle aufrecht
zu erhalten.
Sonder darin,
das Innere
nach Außen
zu tragen.

Kann man das?
Wenn man
Angst vor den
Reaktionen
anderer hat?

Ein Mensch wie ein Baum:

Wenn ich hier so in meiner warmen Stube sitze und hinaus in die verschneite Kälte blicke, fallen mir die Bäume ganz besonders auf. Kann ein Leben, ein Mensch, so sein wie ein Baum? Felsenfest Verankert, die Füße auf dem Boden der Erde. Still, leise und unscheinbar in der Nacht und groß und prachtvoll am Tag. Begleitet von Sonne und Wind bleibt er stark und schön. Im Sommer zeigt er seine wahre Pracht und streckt seine Arme dem Himmel entgegen. Im Winter verliert er zwar sein letztes Blatt, doch trotzdem bleibt er stark und wartet. Er wartet auf die Tage, an denen er wieder zeigen kann wie schön er ist. Ist das Leben genauso oder kann es genauso sein? Nur ein kleiner böser Käfer muss kommen und er macht den Baum zunichte. Nach außen hin stark und innerlich kaputt. Genauso ist es mit mir und meinem Kopf. Etwas kleines unscheinbares, etwas was man nicht sehen kann, ist dort und es rottet mich dahin. So unendlich viele Jahre kann ein Baum dem Leben standhalten. Aus einem kleinen Spross wird ein mächtiges, einzigartiges und wunderschönes Objekt und eigentlich sind wir Menschen doch nicht anders oder? Harte Schale und ein weicher Kern, auch das haben wir alle. Nach Außen hin sind wir alle stark und zeigen was wir können aber nach Innen sind wir so verletzlich, wir zeigen es nur keinem, weil es sich nicht gehört. In der heutigen Zeit darf man sich keine Fehler mehr erlauben, denn eigentlich haben wir es ja im Gegensatz zu früheren Zeiten einfach oder? Früher oder wie man so schön sagte „damals" war alles anders. Aber wie ist es denn heute? Es ist nicht einfacher und eigentlich ist es auch nicht besser. Wird man nicht in einer reichen Familie geboren, hat man schon verloren. Ich will ja jetzt nicht behaupten, dass es reichen Leuten von Grund auf besser geht als den ärmeren, aber sie haben vielleicht nicht ganz so viel zu kämpfen. Die Welt ist hektischer geworden, aus einem einfachen Grillabend mit Freunden wird schnell ein Drama aus, „was muss ich kaufen, wie viel kostet es, schmeckt es allen und reicht es für jeden? Ist die Dekoration richtig und kommen alle pünktlich?" So ist es zumindest in meinem Leben. Es dreht sich alles um das Perfektsein. Denn jeder will zeigen, was er kann und vor allem was er hat. Niemals der Norm entweichen, niemals Schwächen zeigen. Man muss so viel Arbeiten, um doch so wenig davon zu haben. Man muss so viel lernen, denn auch die Anforderungen an einem gut bezahlten Job sind nicht mehr das, was sie einmal waren. Jeder Tag ist ein Kampf und wenn man nur einmal zu schwach ist, hat man verloren. Mit Schwäche schafft man dieses Leben nicht und vor allem darf man nie zugeben dass man schwach ist. Denn früher gab es so etwas nicht. Es ist nie einfach, weder damals noch heute. Jedes Gute hat meist auch etwas Schlechtes und genauso wie es damals schwierig war zu leben, ist es eben auch heute. Sehe ich auch das wieder einmal nur aus dem Blickwinkel einer depressiven Frau? So schlimm ist ja mein Leben eigentlich gar nicht, bis auf meinem Drang alles ganz genau zu erledigen und meinem kleinen Knacks im Kopf. Ich habe immer noch einen mich liebenden Ehemann, ein gesundes fröhliches Kind, eine tolle Wohnung, meine Familie und Freunde. Wenn ich gesund bin, kann ich auch wieder in meinen alten Job zurück. Eigentlich läuft doch alles prima. Wenn ich da genauer drüber nachdenke, bin ich dann noch depressiv genug damit die Klinik mich morgen auch aufnimmt? Oder finde ich den Weg allein aus meiner Chaos Welt?

Ich möchte die Hilfe doch so sehr. Ich würde am liebsten noch heute meine Koffer packen, um noch diese Nacht da verbringen zu können. Wascht mir meinen Kopf, lasst mich doch endlich wieder klar denken und ohne Tabletten leben. Ich will schlafen und dabei wieder ruhig und schön träumen können. Ich will leben, wieder völlig selbstständig leben. Es ist ein verdammt langer Weg, ohne Gewissheit es zu schaffen. Mit meinem Mann zusammen habe ich die Kraft und wir werden eine absolut glückliche Familie, mit vielleicht doch noch zwei Kindern anstatt nur einem. Vielleicht kommt ja doch noch das Haus, von dem ich immer schon geträumt habe. Abends auf der eigenen Terrasse sitzen, mit einer Tasse Tee in der Hand und meinen Kinder auf dem Schoss. Dem Sonnenuntergang entgegen blickend und dem Geruch des Frühlings in der Nase. So sollte es sein. Ich wünsche es mir so sehr. Eine glückliche Familie, mit vielleicht ein oder zwei kleinen Problemchen die man eben so hat. Eine Familie mit einem Happy - End wie man es aus dem Fernsehen kennt. Gibt es so etwas überhaupt oder sind das nur Vorstellungen, die man über die Realität stellt. Gibt es eine Möglichkeit, dieses umzusetzen oder ist das unmöglich? Ich weiß es nicht und kenne auch keine Antwort darauf. Aber eines weiß ich, ohne zu kämpfen werde ich nie wieder so, wie ich einmal war. Ich wünsche mir mein Leben zurück, so wie es früher war. Die Zügel felsenfest in den Händen halten und selbst die Richtung bestimmen. Schaffe ich das? Werde ich den Weg aus dieser tiefen Depression finden? Ich möchte allen beweisen, dass es möglich ist wieder gesund zu werden. Wobei sie im Moment ja noch nicht einmal Wahrnehmen, das ich krank bin. Ich gehöre im Augenblick eben nicht zu der Norm, alle schauen darüber hinweg. Ich war immer ein Mensch, der für Jeden da war, wenn es Probleme gab. Ich stand nachts auf und fuhr mit meinem Rad zu den Leuten hin, die Hilfe brauchten und selbst wenn ich nur per Telefon erreichbar war. Ich war da! Zeit für einen Kaffee, um kleine Probleme zu besprechen habe ich sogar jetzt noch, aber warum ist keiner für mich da? Ich will erzählen, über alles was mich gerade quält, aber es hört mir keiner zu. Wollen sie es nicht hören, weil es nicht normal ist? Oder haben sie vor diesem Thema vielleicht Angst? Warum helfe ich anderen Leuten, wenn ich noch nicht einmal mir selbst helfen kann? Sollte ich den Leuten den Rücken kehren, wenn sie es doch auch tun? Muss man mich bei meiner Krankheit unterstützen oder muss ich da ganz allein durch? Ich dachte eigentlich immer, dass Freunde gerade in schweren Zeiten zu einem stehen und das sie versuchen zu verstehen, aber vielleicht ist das ja auch zu viel verlangt. Das ist ja schließlich nicht ihr Leben, sondern das meine. Und ändern kann ja auch nur ich etwas an meiner Situation und nicht die Anderen. Bin ich zu schwach oder fange ich an Andere mit meinen Problemen zu nerven? Bin ich zu einer Last geworden, was dieses Thema angeht? Mir wird langsam klar, dass man eigentlich doch ganz allein auf dieser großen weiten Welt ist. Man wird allein geboren. Man entwickelt sich ganz allein, zu dem was man ist. Durch die Schule und dem Job geht man allein. Auch eine Familie gründet man allein. Und krank ist man sowieso schon einmal ganz allein. Also ist es an mir, den Weg zu finden. Und ich werde allen beweisen dass man diese Krankheit besiegen kann.

Wieder einmal ist ein Tag dahin, mein Sohn spielt gerade ganz bestimmt friedlich bei seiner Tagesmama. Er schläft heute bei ihr, da ich ja morgen früh den Termin in der Klinik habe. Ich werde mich jetzt auch endlich mal zur Ruhe begeben. Die Gedanken abschalten, noch zu Abend essen, meine Tabletten nehmen und den morgigen Tag abwarten. Hoffentlich bringt er mir das, was ich mir auch erhoffe.

Erwartungen:

Das Vorgespräch in der Klinik war soweit ganz gut. Man stellte mir so viele Fragen, wie es bisher noch keiner tat. Seit wann sind sie krank? Wie geht es ihnen jetzt, wie ging es ihnen vorher? Was für Erwartungen haben sie an uns? Gefällt es ihnen hier? So viele Sachen auf einmal, das hat mich ganz schön erschrocken. Der anschließende Stationsrundgang war auch sehr angenehm. Die Krankenschwester, die mich begleitet hat, war sehr freundlich und ich konnte bei ihrem Humor sogar endlich einmal wieder lachen. Selbst wenn die Freude nur von kurzer Dauer war, es war immerhin ein Lächeln in meinem Gesicht. Für die kommenden Tage hieß es jetzt aber, wieder erst einmal abwarten. Die Psychologin und die Schwestern besprechen vorab, ob die Klinik für mich und meine Probleme überhaupt in Frage kommt und ich darf mir überlegen ob ich überhaupt Lust habe, dort die nächsten zwei bis drei Monate zu verbringen. Klar finde ich die Gemeinschaftstoiletten nicht gerade lustig und das ich ein Doppelzimmer bekomme und alles dort ziemlich alt ist auch nicht, aber es war sehr herzlich dort. Man wurde gleich aufgenommen, obwohl man noch nicht einmal richtig da war und das gab mir Kraft. Die Überzeugung dort gut aufgehoben zu sein und das Gefühl zu haben verstanden zu werden, ist wichtiger als eine eigene Toilette. Ich bleibe da ja schließlich auch nicht für immer. Die ersten vier Wochen, in denen ich da sein werde, heißt es jedoch nicht nach Haus, sondern hier bleiben. Ich darf jeden Tag, wenn ich möchte, Besuch empfangen, nur nicht zu Therapie Zeiten. Wobei sich das mit dem Besuch auch schon erledigt hat, da die Klinik knapp 200 Kilometer von meinem zu Hause entfernt ist. Nach den vier Wochen, muss ich jedes zweite Wochenende von Samstag früh bis Sonntagabend wieder nach Hause. Aber will ich das überhaupt? Im Moment will ich da doch erst einmal hin, damit man mir hilft. Muss ich dann jetzt schon wieder an mein zu Hause denken? Ich liebe ja meine eigenen vier Wände, aber zu Hause versteht mich doch keiner. Naja, wenn ich Glück habe, heißt es das ich dort in spätestens zwei Wochen aufgenommen werde und falls vorab irgendetwas mit mir sein sollte, darf ich jederzeit anrufen und mir Rat holen. Endlich einmal einer, der für mich da ist und mir unter die Arme greift. Klar geben meine Mama, mein Mann, meine Tagesmama und einige Nahestehende, sich die beste Mühe mir zu helfen und mich zu verstehen. Setzt man sich aber mit diesem Krankheitsbild nicht vollkommen auseinander, ist jede noch so lieb gemeinte Mühe vergebens. Ich weiß die Leute um mich herum sehr zu schätzen die mir helfen, denn ohne sie ginge es mir wohl noch schlechter als so schon. Ich bin froh darüber, das sie alle für mich da sind und an mich glauben, aber durch den Rest muss ich allein durch. Es dreht sich jetzt um meinen Kopf. All die Gespräche die noch folgen. Viele Therapien, auf die ich schon sehr gespannt bin und die ganze Ruhe die kommt, ist das was ich brauche. Wenn ich will, ziehe ich mich zurück und wenn ich eben mag, setze ich mich zu den anderen Patienten in die Stube und wir trinken Kaffee. Es sind alles ganz allein meine Entscheidungen, die ich endlich ganz allein für mich treffe. Ich werde wieder ich, denn man gibt mir trotz Therapie den Freiraum dafür. Jetzt nur noch das Telefonat abwarten und hoffen, dass sie JA sagen. Dann heißt es maximal zwei Wochen abwarten und es kann mit meiner Therapie los gehen. Nur noch zwei Wochen! Was ist das schon, wenn man schon seit zwei Jahren versucht hat zu kämpfen? Es ist jetzt endlich ein Anfang und auch ein Ende in Sicht. Das lässt mich meine Zukunft vielleicht nicht besser oder schöner sehen, aber etwas einfacher.

Ich glaube ich erhoffe mir so viel von dieser Therapie, dass ich den noch anstehenden Trennungsschmerz völlig überspiele. Ich sehe ja die meiste Zeit davon weder meinen Mann, noch mein Kind oder sonst jemanden. Jetzt holen mich wohl doch die ersten Zweifel an der Richtigkeit meines Vorhabens ein. Schaffe ich das? Zwölf lange Wochen allein? Eigentlich will ich ja meine Ruhe vor allem, aber ist das nicht zu lang? Reichen nicht doch schon ein oder zwei Wochen? Klar will ich wieder gesund werden, aber es wird ein Kampf. Ich muss wieder einmal stark sein, wie schon in den letzten zwei Jahren. Ich werde es schaffen. So perfekt wie ich immer war, wird das eine Leichtigkeit für mich. Ich schaffe das. Ganz sicher. Ich kehre zurück und bin geheilt das ist mein Wille und mein Wunsch.

Zwei Wochen im Gegensatz zu zwei Jahren. Was ist das schon? Lerne ich dort überhaupt nette Leute kennen? Was ist wenn keiner etwas mit mir zu tun haben möchte? Eigentlich bin ich sehr umgänglich, aber was ist wenn mich keiner mag und keiner etwas mit mir machen möchte? Dann bin ich ganz allein und dort habe ich auch keine Möglichkeit mich in mein Schneckenhaus zu verkriechen. Denn dort habe ich kein eigenes. Sollte ich doch zu Hause bleiben? Warum kann ich nicht endlich einmal positiv denken? Das wird schon und ich schaff das schon basta. Diese Gedanken, von all dem schlechten was kommen kann und nur auf mich lauert, fressen mich auf. Bringt mir bitte wieder bei ein Optimist zu werden. Es sind doch nur zwei Wochen, falls sie ja sagen und wenn sie nein sagen und mir nicht helfen können? Kann mir überhaupt jemand helfen oder ist das zwecklos? Oh man. Wie war das doch gleich? Das Leben ist kein Ponnyhof und es ist nicht einfach. Es will ja anscheinend nicht besser werden mit mir. Wenigstens kann ich noch Atmen ohne dabei depressiv zu werden. Was will ich eigentlich noch mehr? Ich lebe doch. Ich sollte lieber froh darüber sein, das mich zum Beispiel noch Beine dahin tragen wo ich möchte und meine Hände auch das schreiben was ich denke. Ich finde einfach nichts Positives mehr. Alles ist so wie es ist. Alles ist gegen mich und ich bin allein. In meiner kleinen Welt kennt sich keiner aus, nicht einmal ich selbst.

Tagesabläufe mit Hindernissen:

Ich sitze wieder allein in meine Stube. Sollte ich raus gehen und mich etwas ablenken? Lenke ich mich durch das Schreiben nicht schon genug ab? Wieder bei Minusgraden raus auf meinen kleinen Balkon, mit dem Wind in meinem Gesicht und das Zwitschern der Vögel in meinen Ohren. Den Duft von Schnee und der reinen Luft in meiner Nase. Oder schreibe ich hier einfach noch ein wenig herum, zieh mich an und geh zu meiner Freundin, die krank in ihrem Bett liegt. Ich habe ihr ja schließlich versprochen sie zu besuchen. Ich muss aber vorher noch einkaufen, weil ich ihr etwas zur Genesung mitbringen möchte. Doch wenn ich das alles mache, geht mir wieder so viel Zeit verloren. Zeit die ich eben nicht habe. Zeit die mich wieder meine Ruhe kostet. Zeit die ich aufbringen muss, obwohl ich doch eigentlich gar keine habe. Es ist immer wieder so schwer eine Entscheidung zu fällen. All die anderen Menschen auf der Welt würden sich über so etwas gar keine Gedanken machen. Wenn sie eine Verabredung haben, gehen sie da eben hin. Mein Sohn ist doch auch bei seiner Tagesmama. Also ab, anziehen und raus. Doch so einfach ist das nicht. Ich brauche immer ewig lang, um mich zu so etwas durch zu ringen. Noch vor ein paar Wochen, wenn mein Kleiner nachmittags unterwegs war und ich die Zeit für mich nutzen konnte, habe ich nicht eine Minute gezögert. Ich habe mir die Haare gemacht, zog mich schick an und ging einfach raus. Doch heute kann ich das nicht mehr. Diese eigentlich so kleinen und selbstverständlichen Aufgaben, wie Einkaufen, Anziehen und sich schick machen, kosten mich Zeit. Diese Zeit die ich dafür vergeude, könnte ich ruhig allein auf dem Sofa verbringen und für mich nutzen. Wenn ich mich dann doch einmal aufgerafft habe, um mein Schneckenhaus zu verlassen, halte ich es eh nicht lang woanders aus. Einkaufen ist ein Graus für mich. Klar kann ich das alles noch, aber da sind auf einmal so unendlich viele Leute. Alle reden sie. Überall ist es laut. Die Kasse piept ständig und es herrscht nur Hektik. Also muss ich mich beeilen. Das muss ich ja eh, denn sonst habe ich keine Zeit mehr für mich. Habe ich dann alles geschafft und sitze bei meinen Freunden, fühle ich mich dort immer schnell unwohl. Selbst wenn man mir meinen geliebten Kaffee anbietet und ich rauchen kann wo ich will. Es ist eben nicht mein zu Haus. Ich bin wo anders und nichts ist so wie es bei mir ist. Die Leute gehen einfach einen ganz anderen Rhythmus als ich. Wenn ich zu Haus unruhig werde, erledige ich nebenbei einfach ganz viele Dinge. Ich räume Kleinigkeiten an ihren ordnungsgemäßen Platz zurück, ich mache mir etwas zu trinken, ich esse schnell etwas oder geh einfach nur ins Bad. Bin ich aber wo anders und wir sitzen in der Stube, sitzen wir eben in der Stube. Ich kann nicht aufstehen und aufräumen. Ich kann nicht einfach alle fünf Minuten ins Bad gehen um mich abzulenken, indem ich mir nur kurz die Haare kämme. Ich kann nichts machen, außer da zu sitzen und mit ihnen reden. Ich muss reden. Und wenn dann nebenbei auch noch der Fernseher läuft, ist das der reine Horror. Der eine erzählt, der andere dudelt vor sich hin und dazwischen sitze ich mit panischer Angst, davor meine Zeit zu verpassen. Angst vor den vielen Geräuschen, Angst vor meinen Freunden, Angst vor dem Heimweg. Meine Depression sorgt dafür, das ich vor allem Angst habe, ganz egal was es ist. Der sicherste Ort für mich, ist meine Stube und wenn ich mir dann noch die Decke über den Kopf ziehe, hört vielleicht das Nachdenken auf.

Morgen früh habe ich meinen ersten Termin bei einer Psychotherapeutin, aber im Moment frage ich mich nur was das wohl bringen soll. Wenn ich doch eh in einigen Wochen in eine Klinik gehe, muss ich mich dann vorher von der Dame auch noch behandeln lassen? Dann fängt der eine an, an mir herum zu therapieren und anschließend der nächste. Ob sie mir den Einstieg in die Klinik erleichtern will oder sogar kann, steht völlig außer Frage. Ich weiß gerade nicht, ob das alles wirklich etwas bringen kann. Klar, kann sie mir dann im Nachhinein helfen, indem sie die Therapie fortsetzt, aber sonst denke ich, es bewirkt im Vorfeld eh nichts.
Vielleicht sollte ich einfach erst einmal abwarten, anstatt schon wieder im alles negativ zu sehen. Und was mache ich jetzt? Ich glaube, ich habe lange genug überlegt, um mich davon zu überzeugen das Haus zu verlassen. Das Einkaufen vorweg werde ich allerdings sein lassen. Meine Freundin wird wohl auch ohne Blume gesund.

Es dauerte noch eine geschlagene Stunde, bis ich endlich die Haustür hinter mir geschlossen hatte und auf dem Weg zu meiner kranken Freundin war. Ich schaffe es einfach nicht mehr so wie früher. Mich nur anzuziehen und los zu gehen. Ich aß noch etwas, denn dort kann ich ja wohl kaum an ihren Kühlschrank gehen Ich überlegte mir vorher ganz gründlich, ob ich mich nicht doch lieber weiterhin dem schreiben widmen sollte, anstatt das Haus zu verlassen. Nein, diesmal nicht. Ich habe mich fertig gemacht und ging. Auch wenn es lange dauerte, aber ich ging. Dort angekommen, brauchte ich gleich zur

Ablenkung erst einmal wieder meinen heiß geliebten Kaffee und ich saß und erzählt. Wir erzählten über Gott und die Welt, aber ich wollte lieber schnell wieder zurück. Zurück in mein Schneckenhaus. Ich war andauernd unruhig. Zuppelte an meinem Schal, rauchte eine nach der anderen und auch die vielen Tassen Kaffee, waren immer schnell ausgetrunken. Ich überlegte die ganze Zeit , was ich zum Abendbrot koche, denn bei mir gab es immer abends warmes Essen. Wann gehe ich nach Hause und fange an zu kochen. Kann ich noch Schreiben, bevor mein Sohn zurück gebracht wird? Wie spät ist es? Muss ich schon wieder los? Je länger ich dort saß und je mehr Zeit von meiner wenigen die ich habe ins Land verstrich, desto eher wollte ich wieder los. Es muss alles im Vorfeld ganz genau geplant sein, denn sonst komme ich einfach nicht zurecht. Sechs Stunden hatte ich täglich Zeit für mich. Denn in den sechs Stunden war mein Kind bei seiner Tagesmama. Aber irgendwie sind für mich sechs Stunden nichts. Es ist zu wenig Zeit um etwas zu unternehmen, aber auch zu viel Zeit um allein zu sein. Und wenn mein Kind noch länger unterwegs wäre, würde es auch nicht anders aussehen. Ich habe es durch gestanden, ein paar Stunden bin ich also aus dem Haus gewesen. Sie waren sehr anstrengend. Kaum war ich wieder in meinen 4 Wänden, holte mich die Müdigkeit ein. Aber ich muss doch noch Kochen und ein wenig Aufräumen. Meinen Mann wach machen, der erst spät von der Arbeit kam und noch fest schlief. Um acht Uhr nehme ich doch auch erst wider meine Schlaftablette. Es sind wieder einmal etliche Stunden, in denen ich es schaffen musste den Alltag zu überwinden. Bloß nicht hinsetzen, sonst schlafe ich ein. Ich bin so müde und so kaputt und das nur, weil ich ein paar Stunden unterwegs war. Es kostet mich unheimlich viel Kraft etwas zu unternehmen, denn alles muss gut durchdacht sein. Alles muss wieder einmal 100 Prozent ergeben, denn wenn ich meine Zeit nicht perfekt einteile und sie nicht perfekt nutze, habe ich nichts aber gar nichts von meinem kleinen Tag. Gleich ist es endlich 20 Uhr, mein Sohn liegt im Bett und ich kann meine Schlaftablette nehmen. Eine halbe Stunde bis Stunde braucht sie, bis sie wirkt und dann liege ich endlich im Bett und es ist Ruhe. Das Licht ist aus, alles um mich herum ist still und nichts bewegt sich. Mein Kopf wird dank der Tablette leer und ich habe Ruhe. Genauso, wie es sein soll. Ich höre nichts, außer meinem Atem. Ich lasse noch ein wenig den Tag Revue passieren und dann bin ich in einer anderen Welt. In einer besseren, die sich ganz von allein lenkt, ohne das ich etwas machen muss. In einer Welt, in der nichts gesagt oder getan werden muss. Ich bin dort, wo mich mein Kopf hin geleitet. Ich bin im Land der Träume. Dort, wo es einfach nur leicht ist zu Leben und man nichts machen muss, außer zu atmen und zu schlafen. Dort gibt es keine Hektik, dort gibt es keinen Stress, dort gibt es nur Dinge die einen zur Ruhe kommen lassen. Es ist wie es damals auch bei der Narkose war. Es ist einfach nur still und sobald man aufwacht, kommt das wahre Leben und der Alltag zurück. Im Schlaf hat man keine Zeitangabe. Man nutzt die Zeit, wie sie kommt. Der Körper holt sich das, was er braucht und wenn er ausgeruht ist und es ihm gut geht, wacht man einfach auf. Kann man nicht ewig Schlafen? Oder gibt es vielleicht die Möglichkeit, diese Ruhe die man beim schlafen hat, in den Alltag umzusetzen? Ich schätze nicht. Leben ist leben und schlafen ist schlafen. Wenn es nach mir ginge, würde ich die meiste Zeit meines Tages einfach nur im Bett liegen bleiben und nichts machen. Den Schutz meiner Bettdecke, die Stille meines Zimmers und einfach die Entspannung im ganzen Körper, wenn man nur so da liegt. Sobald man auf den Beinen ist, hat man doch eh wieder nur Pflichten, an denen man sich zu halten hat. Man muss den Haushalt machen, das Kind muss versorgt werden, ich selbst brauche meinen Kaffee, Telefonate warten auf einem, Briefe kommen ins Haus, man hat Einkäufe zu erledigen und man muss sich auch ab und an einmal bei seinen Freunden blicken lassen. Man muss immer auf Trab sein, denn es gibt immer etwas zu tun. Kein Tag vergeht, an dem nicht mindestens eine Aufgabe auf einen wartet. Einfach einmal im Bett liegen bleiben. Nichts hören, nichts sehen und nicht gestört werden. Ruhe haben. Vor all dem, was ein ganz normaler Tag so mit sich bringt. Wobei ich selbst wohl auch das nicht schaffen würde. Einfach einmal liegen bleiben, würde für mich bedeuten, allein zu sein. Und obwohl mein Kopf und mein Körper sich so nach Ruhe sehen, kann ich auf Dauer nicht allein sein. Denn das macht mich noch depressiver, als ich es schon bin. Und zu allem Überfluss, bin ich um liegen zu bleiben viel zu unruhig. Ich muss etwas tun. Meine Gedanken lassen es einfach nicht zu, Ruhe zu haben, so lange ich nicht irgendetwas getan habe. Meine Mama meinte, ich bestrafe mich und meinen Körper für irgendetwas. Ich darf keine Pause machen, so lange ich nicht vorher gearbeitet habe. Ich darf kein Kaffee trinken, bevor die Wäsche nicht gemacht ist. Ich darf keine Rauchen, wenn ich nicht wenigstens vorher gewischt habe. Bestrafe ich mich wirklich? Wenn ja für was und warum?

Macht man das nicht in einem normalen Zustand auch so? Erst alles erledigen und dann zur Ruhe kommen? Ich muss lernen einfach einmal sitzen zu bleiben, um damit wieder Kraft zu sammeln, nur ich kann es nicht. Ich muss immer etwas erledigen und es muss 100 Prozent ergeben, denn sonst darf ich mir keine Pause gönnen. So ist das Leben. Ob in der Schule, im Beruf oder zu Hause. Lob bekommt man immer erst dann, wenn man seine Sache gut gemacht hat. Warum sollte ich mir also etwas gönnen, wenn ich nicht fleißig war? Warum soll ich meinem Körper eine Pause gönnen, wenn ich nicht einmal den Haushalt erledigt habe? Wie kann ich meinen Kaffee genießen, wenn ich weiß das die Wäsche noch gemacht werden muss? Ich befinde mich immer in einem Zwiespalt, zwischen totaler Kraftlosigkeit und innerer Unruhe. Wie soll man da bloß das richtige Mittelmaß finden?

Die gute Dame, bei der ich heute zu meinem ersten Psychotherapie Termin war, hat eigentlich nicht wirklich viel gemacht. Sie hat vorerst die wichtigsten Daten von mir aufgenommen, um zu wissen was mit mir los ist. Nun steht es fest, ich leider definitiv an einem Geburtstrauma, das auf jeden Fall behandelt werden muss. Ein Geburtstrauma, kann jedoch nur in einer Klinik behandelt werden und sie wird mir beibringen, mein Leben und jetziges sein wieder positiv zu sehen. Eines ist ihr jedoch gleich heute aufgefallen. Sie meinte, dass ich mir an allem was geschehen war, die Schuld zu weise. Sie erklärte mir, das es diese 100 Prozent die man doch so unbedingt erreichen muss, gar nicht gibt. Jeder Mensch hat eine andere Definition im Perfekt sein und diese ach so tolle Familie, die ich mir immer wünsche, gibt es gar nicht. Ich selbst muss lernen, das dass was ich habe doch schon 100 Prozent sind. Es wird nicht besser, denn es ist doch schon gut. Bin ich an meinem eigenen innerlichen Chaos selbst schuld, weil ich mir Ziele setze die nicht Realistisch sind? Wie bringe ich mir bei, das auch 80 Prozent schon 100 Prozent sein können? Ein Leben und eine Welt für mich ohne Perfektionismus. Wie soll das aussehen? Wenn ich nicht mehr streng genug mit mir selbst bin, wie sieht dann zukünftig mein Haushalt aus? Oder wie laufen meine Tage ab, wenn ich sie nicht durchplane? Wie wird mein Leben sein, wenn ab und an einfach mal ein wenig das Chaos in ihm einbricht? Früher habe ich mir über diese ganzen Sachen nie Gedanken gemacht. Wie schon zu Beginn erzählt, hat man einfach in den Tag gelebt. Man ging zur Schule, kam nach Hause, warf den Ranzen in die Ecke, aß und verließ wieder das Haus. Mein Zimmer war von Grund auf ordentlich. Ich hatte es geschafft mein Chaos zu beherrschen, ohne dabei in Perfektionismus zu verfallen. Auch als ich von zu Hause auszog und mir die erste gemeinsamen Wohnung mit meinem Mann teilte, war es nicht anders. Wir gingen Arbeiten, steckten beide in der Ausbildung und der Haushalt funktionierte ohne Stress. Heute bedeutet es für mich, dass ich immer Zeit aufbringen muss. Aber was ist das denn schon? Eine Stunde von 24 Stunden, die man am Tag hat. Täglich nur eine Stunde. Entweder Saugen, die Wäsche machen oder sonstiges und dann habe ich doch schon wieder frei. Aber warum muss es denn auch täglich sein? Es reicht doch auch, wenn ich bloß alle zwei Tage mal etwas mache. Ich weiß nicht genau wie meine Zukunft aussieht, aber ich weiß, dass ich etwas ändern muss. Sei es im Alltag, oder an meinen Gedanken und vor allem an meiner Lebenseinstellung. Hauptsächlich muss ich jedoch an diesem Trauma und meinen Schuldzuweisungen arbeiten. Ein hektischer Blick zu meiner Stuben Uhr lässt mich sehen, das es schon wieder mittags ist und das mein Sohnemann schon in 2 Stunden nach Hause kommt. Warum finde ich immer wieder, das dass für mich das Ende des Tages bedeutet? Wenn er wieder kommt ist es gerade einmal 14 Uhr und gegen 20 Uhr liegt er doch auch wieder im Bett. Wir könnten raus gehen, Freunde besuchen oder einfach nur im Schnee spielen. Eine gute Mutter würde dies jedenfalls tun. Nur ich nicht, ich würde mich am liebsten spätestens um 13.55 Uhr unter meine Bettdecke verkriechen, um vor meinen Pflichten zu flüchten. Jede normale Mutter würde sein Kind nie als Pflicht sehen, nur ich nicht. Egal was ich versuche, für mich ist das Leben als Mutter absolut schwer. Mein Kind ist doch keine Last, sondern eigentlich der Sinn meines Lebens. Er freut sich doch darauf, mit seinen Eltern etwas zu unternehmen, spielen, toben, raus gehen etc. Zum Glück ist ja mein Mann zu Hause und ich bin mit meinem Sohn nicht ganz allein. Heute Abend ist dann auch noch ein Elternabend bei unserer Tagesmama. Doch wie ich finde ist der viel zu spät angeschlagen. 19 Uhr, da sollte mein Kind schon fast wieder im Bett liegen. Bringt das meinen ach so gut geplanten Tag wieder vollkommen durcheinander?

Nur durch den Gedanken an diesen Abend, kam die Angst in mir auf. Dort sind wieder so unendlich viele Leute und alle Reden. Alle Sitzen, Essen oder Laufen herum. Ich will das nicht, ich will mein Sofa und ich möchte allein sein. Ich muss positiv denken. Einfach wieder positiv denken, dann klappt das schon. Heute ist ein Tag wie jeder andere und er wird vorbei gehen. Er wird, wie all die anderen Tage in meinem kleinen Leben, einfach wieder an mir vorbei ziehen. Ich werde sehen, dass all meine Ängste und Sorgen vergebens waren. Noch bevor ich großartig weiter denken kann, habe ich bestimmt alles hinter mir und liege eingekuschelt in meinem Bett und schlafe ein. Aber ist das Sinn und Zweck eines Tagesablaufes? Man steht doch morgens auf, um den Tag zu leben und um etwas zu erleben. Ein Tag ist doch ein wunderbares Geschenk, denn man erlebt jeden Tag schließlich nur einmal. Ich kann froh darüber sein, das ich meine Zeit ganz für mich allein nutzen kann. Ich kann tun und lassen, was ich will. Aber irgendwie holen mich all die ganzen schlechten Gedanken immer und immer wieder ein. Ich stehe nur auf, um ganz schnell wieder im Bett liegen zu können. Den Schutz meiner Bettdecke und die Stille meines Zimmers. Keine Regeln, keine Pflichten, keine Ängste oder Gedanken und nichts was man noch erledigen müsste. Nein, nichts ist an dem, denn ich muss nur noch schlafen.

Wie erahnt war auch dieser Tag ganz schnell vorbei. Noch vor ein paar Stunden machte ich mir Sorgen darüber, das er nie enden wird und nun ist es bereits abends. Ich habe vor ein paar Minuten meine Schlaftablette genommen und mein Kopf fängt so langsam an etwas leerer zu werden. Einige Gedanken umzingeln mich dennoch. Es sind nicht wirklich Gedanken, es sind Ängste. Ich bekomme Angst vor der Zeit, die noch vor mir liegt. Vor der Zeit in der Klinik. Als ich heute bei der Psychotherapeutin war, erklärte sie mir, das ich ein Geburtstrauma habe. Das war mir selbst ja eh schon bewusst. Aber im Moment wird mir immer klarer, das ich dieses Trauma zukünftig bearbeiten muss, um es zu vergessen. Es liegen also etliche Therapie Tage vor mir, in denen ich immer wieder an diese schreckliche Situation erinnert werde. Ich will es doch aber eigentlich nur vergessen. In den letzten zwei Jahren bin ich vor diesen Gedanken und Gefühlen geflohen und jetzt holen sie mich absichtlich wieder ein. Ich muss sie aufarbeiten, um sie vergessen zu können. Mein Kopf macht mir Angst. Die Tränen stehen mir in den Augen, weil ich doch einfach nur wieder normal sein möchte. Ich möchte doch mit diesen schlechten Gedanken nichts zu tun haben. Ich habe höllische Angst, vor dem mir bevorstehenden Gefühlschaos. All das, was auf mich lauert. Ein Auf und ein Ab und das obwohl ich doch einfach keine Kraft mehr habe. Meine Mama und meine große Schwester haben sich schon einige Zeilen meiner Geschichte durchgelesen. Nach Rücksprache mit ihnen wurde mir klar, das ich doch kräftig genug bin um das zu schaffen. Sie sind stolz auf mich, über all das was ich schon hinter mir habe. Wächst jetzt wieder einmal der Drang in mir weiterhin stark sein zu müssen? Sie sagten, Gott hat mir diese Aufgabe gegeben, weil nur starke Menschen es schaffen so etwas zu besiegen. Aber bin ich denn wirklich stark? Ich weiß es nicht. Sie machen mir so viel Mut und ich bin auch sehr glücklich darüber, denn es lässt mich ein wenig positiver denken. Nur andererseits, setze ich mich damit wieder unter Druck, denn ich muss ihnen weiterhin beweisen dass ich genügend Kraft habe.

Muss ich überhaupt irgendwem beweisen dass ich jemand bin oder gar wer ich bin? Ein neuer Tag ist heran gebrochen und mein Sohn ist heute schon früher bei seiner Tagesmutter. Es ist neun Uhr in der früh und ich sitze wieder in der Kälte auf meinem Balkon. Diesmal habe ich mich sogar extra wärmer angezogen, damit ich die Luft und die Ruhe voll und ganz auskosten kann. Andere Leute halten mich für verrückt, wenn sie sehen das ich hier ewig lange Stunden verbringe. Doch ich finde, das mir diese Einsamkeit gut tut. Es ist warm genug, denn die Decke wärmt meinen gesamten Körper. Eingekuschelt in dicke Pullover, bewaffnet mit einer Kanne Cappuccino und genügend Zigaretten, um einige Stunden hier draußen verweilen zu können. Ich bin in meinen eigenen 4 Wänden und doch bin ich ganz woanders. Die Schneeflocken tanzen gemütlich um meinen Laptop und die Vögel singen im Schutz ihrer Bäume. Haben Vögel denn eigentlich auch Sorgen? Gibt es so etwas bei Tieren, dass sie sich Gedanken über ihren Lebensweg oder gar ihrer jetzigen Situation machen? Wenn ja, wie überleben sie das ohne dabei gleich Therapiert werden zu müssen. Ich glaube der Mensch ist das einzige Wesen, der sich mit so etwas herum plagen muss.

Diese frische, kalte und saubere Schneeluft reinigt mir meine Seele. So zumindest habe ich gerade das Gefühl. Es tut gut, einsam und verlassen zu sein. Sich ganz meinen Gedanken und der stillen Umgebung widmen zu können. Es ist schön hier draußen, kalt und einsam aber schön. Irgendwie weckt es die Kindheit in mir. Man war allein und konnte machen was man wollte. Ohne Rücksicht auf irgendwelche Folgen tat man das, wozu man gerade Lust hatte. Ohne Sorgen und ohne Uhrzeit hat man das Leben gelebt, wie es gerade kam. Sei es bei einem solch kalten Wetter, oder in der Hitze des Sommers. Man tat, was man wollte. Und genau das mache ich gerade auch. Mein Sohn ist bei seiner

Tagesmama und mein Mann am Arbeiten. Es ist wie jeden Tag und ich bin allein. Nur noch den heutigen Tag abwarten und morgen früh um die gleiche Zeit, weiß ich Bescheid ob die Klinik mich aufnimmt und mir helfen kann. Ein paar Stunden noch. Ein paar Stunden, die einerseits davon laufen und andererseits noch so ewig lang sein können. Meine Gedanken umzingeln alles, was ich gerade tat und gerne machen möchte. Ich möchte eine rauchen, doch dann sind sie bald leer. Ich möchte meinen Cappuccino trinken, doch das hält mich vom schreiben ab. Soll ich wieder rein in die Wärme? Aber da ist es nicht mehr so still wie hier. Sollte ich das Schreiben vielleicht unterbrechen und malen aber dann kommen wieder Gedanken. Es ist alles so schwierig. Ein gesunder Kopf denkt nicht so viel nach. Ein gesunder Mensch, macht einfach was er will. Doch bei mir fühlt es sich an, als wenn Jemand in meinem Kopf sitzt und hinter jeden Gedanken Tausend Fragen heftet. Einfach machen wonach einem gerade ist. Wo ist da denn bitte die Schwierigkeit? Jeder andere Mensch denkt über sein handeln doch auch nicht nach.

Dabei fällt mir ein, das meine Schwester heute Geburtstag hat. Also heißt es nach dem Arzttermin, den ich heute auch noch habe, ab zu ihr. Dann ist wieder der ganze Nachmittag hin. Immer muss man etwas tun und immer muss man auf den Beinen sein. Ein ganz normaler Tag, ist für mich nicht mehr das, was er einmal war. Er bedeutet für mich, beinahe unüberwindbaren Aufwand. Entscheidungen über die ich immer gründlich nachdenken muss. Denn wenn ich das nicht mache, ergibt es eben keine 100 Prozent und dann bricht das Chaos in meine kleine Welt. Ein wenig werde ich diese Kälte dank meinem Warmen Cappuccino noch aushalten, aber all zu lang geht es nicht mehr. Sonst sehe ich zu allem Überfluss auch noch aus wie ein Schneemann.

Danach gehe ich rein und mittags kommt ja auch schon mein Kind. Ich muss ihn versorgen und er wird dann Mittagsschlaf machen, während ich mir noch etwas Pause gönne. Ab zum Arzt, ein kleines Geschenk kaufen und zum Kaffee zu meiner Schwester. Es wird sicherlich sehr anstrengend für mich, aber es ist eben meine große Schwester und somit selbstverständlich, das ich zu ihr fahre. Ich bin ja gerne bei ihr denn ich hab sie echt lieb, da kann ich ja schließlich nicht einfach zu Hause bleiben und so tun, als wäre es ein ganz normaler Tag.

Nach längerem überlegen, einer weiteren Tasse Cappuccino und einer Zigarette, bin ich von meinem Kältepol wieder ab in meine warme Stube gegangen. Nun sitze ich auf dem Sofa und fange schon wieder an müde zu werden. Ich habe doch erst geschlafen! Warum bin ich immer so oft müde? Bin ich eben einfach jemand der gerne schläft? Ach ich weiß auch nicht, im Moment weiß ich wie so oft wieder gar nichts. Ich habe noch fast zwei Stunden Zeit und dann kommt mein Sohn. In fast einer Stunden ist auch mein Mann wieder da. Ich bleibe also wach. Warte bis mein Mann kommt, um gemeinsam Mittag zu essen. Schlafen werde ich dann, wenn mein Sohn nachher im Bettchen liegt. Also ist mein Tag wieder geplant, wie so immer. Oder ist er es doch nicht? Er hat halt einfach nur gute Abläufe. Es ist ein ganz normaler Tag, wie jeder in meinem Leben und er ist nicht geplant. Ich muss lernen, von meinem Planungsdrang weg zu kommen und den Tag einmal aus einer ganz anderen Sicht sehen. Es ist einfach so wie es ist.

Gleich kommt mein Mann und später eben mein Kind. Wenn beide im Bett sind, lege ich mich auch einfach hin und das auch nur, weil mir gerade danach ist. Später fahren wir zum Arzt und anschließend zu meiner Schwester. Wenn wir keine Lust mehr haben, fahren wir zurück. Klingt das etwa geplant? Nein, eigentlich klingt es nach einem ganz normalen Nachmittag, in einem ganz normalen Leben. Es sind nicht alle Dinge planbar. Im groben und ganzen vielleicht schon, das ist richtig aber ich muss diesen Zwang, der dahinter steckt einfach in den Griff bekommen. Ich muss es für mich aus der Welt schaffen, um wieder vernünftig leben zu können. Das dahingehende Verständnis ist ja mit den letzten Zeilen schon gefallen. Ich übe es, den Tag zu leben und ich werde es schaffen den Tag nicht zu planen. Jeder Tag kommt einfach wie er kommt.

Es war schwierig, aber ich hatte den Nachmittag überlebt. Wir waren beim Arzt und anschließend bei Schwiegereltern (meine Schwester war trotz Geburtstag leider nicht zu Haus). Ich war endlich einmal wieder unter Leuten. Zwar oft unruhig, aber ich hatte es im Griff. Doch abends holte mich alles wieder ein. Ich hatte Hunger, aber mir war schlecht. Ich war total müde und wollte eigentlich nur noch ins Bett. Mein Herz raste und mein Kopf fühlte sich schwer an. War das schon zu viel für mich? Ein ganz normaler Tag, der so wunderschön war, endet doch so schlecht. Ich beeilte mich also mit dem Abendessen, nahm nur noch meine Schlaftablette und ging ins Bett. Endlich wieder Ruhe, das war schön.

Das erwartete Telefonat:

Heute hatte ich das Telefonat mit der Klinik und zum Glück gab es endlich einmal positive Nachrichten. Sie nehmen mich auf und das sogar schon in einer Woche. Falls noch etwas dazwischen kommt, spätestens jedoch in zwei Wochen. Es ist endlich eine Ende und auch ein Anfang in Sicht. Das Ende meines Leidens und der Anfang, wieder normal zu werden. Ich war so erleichtert. Gefreut habe ich mich zwar nicht, denn in meiner jetzigen Lage fällt mir auch das sehr schwer, aber ich bin sehr erleichtert. Die Klinik selbst hält es zwar für besser einen Therapieplatz für Mutter und Kind gemeinsam zu finden, aber ich habe ihnen vermitteln können, das ich im Moment erst einmal lernen muss wieder zu mir selbst zu finden, bevor ich gleich wieder einen solch großen Schritt mache. Ich möchte wenigstens wieder zu Kräften kommen, damit ich die Probleme und Gefühle mit meinem Sohn besser bearbeiten kann. Ich finde es ist einfach zu viel für mich gleich beides in Angriff zu nehmen und sie haben es zum Glück auch verstanden. Und nun steht einer Therapie nichts mehr im Wege. Es sind noch maximal zwei Wochen und die werde ich ja wohl ganz schnell hinter mich bringen. Morgen fahre ich mit zwei Freundinnen etwas Schoppen. Ich freue mich schon sehr darauf, mit ihnen zusammen die Zeit zu verbringen, aber ich habe auch große Angst. Ich verlasse das Haus. Fahre ewig lange Auto. Gehe in eine Stadt, unter so viele Leuten. Kaffee trinken wollen wir bestimmt auch noch. Schaffe ich das alles? Sollte ich nicht doch lieber zu Hause bleiben? Nein, ich denke ich bekomme das schon hin. Wir fahren erst um 14 Uhr los und somit habe ich genug Zeit mich darauf vorzubereiten. Ich bin nicht allein und ich glaube, das meine Freundinnen meinen Zustand etwas verstehen. Endlich gehe ich wieder einmal einkaufen und es wird Spaß machen. Ich werde mich noch ein wenig für die Klinik einkleiden und ich hoffe das ich das auch lang genug aushalte. Es geht ja schließlich nicht nur um mich, sondern auch um die Mädels und zur Not verlasse ich einfach das Geschäft. So wird mein Tag aussehen. Er wird toll sein, er wird Spaß machen und die Mädels werden mich zum Lachen bringen. Wir werden den Tag genießen und uns nicht ärgern lassen. Ich werde die Kraft haben, es genießen zu können. Ich glaube ganz fest daran das nach all den schlechten Tagen, die ich schon hinter mir hatte, auch schon gut ging und meistens war es so, dass es danach gleich wieder bergab ging. Was ist, wenn ich gerade morgen keine Kraft habe? Was ist, wenn ich das nicht schaffe und mir das alles zu viel wird. Die Mädels haben vorgeschlagen den Abend dann auch noch gemeinsam ausklingen zu lassen. Schön gemütlich bei einem Glas Sekt in meiner Küche sitzen und Kartenspielen. Gemeinsam mit meinem Mann. Schaffe ich das alles? Mute ich mir nicht schon zu viel zu? Erst den ganzen Tag unterwegs und dann auch noch abends stundenlang sitzen und Karten spielen. Ich weiß nicht recht, ob das eine so gute Idee ist. Klar sage ich nicht nein, wenn meine Mädels mir Gesellschaft leisten möchten, aber ich kann sie auch schließlich nicht einfach wieder raus schmeißen, wenn ich zu müde bin und in mein Bett möchte. Also, was mache ich nun? Ich stehe den Tag einfach irgendwie durch. Ich esse jetzt mit meinem Mann noch zu Abend, nehme dann meine Tablette und werde schlafen gehen. Ich stehe morgen früh mit meinem Sohn auf und wenn er seinen Mittagsschlaf macht, werde auch ich noch ein wenig die Augen zu machen um Kraft zu tanken. Und dann kann es los gehen. Es wird kein schlechter Tag. Ich schaffe es ihn zu genießen.

Hey, denke ich da vielleicht gerade wieder positiv?

Ich glaube genau mit dieser Einstellung werde ich für heute das Schreiben beenden, denn sonst schlägt es bestimmt wieder ins negative um und das möchte ich nicht. Es wird gut und dabei bleibt es. Es wird ein toller Tag, mit meinen Lieblings Mädels in einer schönen Stadt beim Schoppen. Wir trinken Kaffee, wir werden zusammen Lachen und den Tag nehmen wie er gerade kommt. Und der Abend, wird mit einem kleinem Glas Sekt in meiner Küche, beim gemeinsamen Kartenspielen enden. Genau so wird es sein.
Und genauso war es auch. Es war der erste Tag seit Wochen oder gar Monaten, den ich genossen habe. Ich stand morgens schön gemütlich auf, mein Sohn und mein Mann schliefen noch fest. Ich setzte mir einen Kaffee auf und ging ins Bad. Das erste Mal seit Wochen habe ich mir wieder ein perfektes Make-up gezaubert und das nur, weil mir gerade danach war. Ich stand ohne Zeitdruck endlich einmal wieder in meinem Badezimmer und habe mich einfach weil mir gerade danach war, hübsch gemacht. Als ich fertig war, schlief mein Sohn immer noch und ich genoss ganz in Ruhe meine Tasse Kaffee und meine Zigarette. Bis auf das ich tierisch erkältet war, ging es mir gut. Ich war zwar und etwas schwach, aber ich wollte mir den Tag nicht nehmen lassen. Als mein Kind wach wurde, frühstückten wir gemeinsam und dann

war auch schon fast der Vormittag vorbei. Ich konnte los. Ab in die Stadt, den Tag genießen. Ich wurde um 14Uhr abgeholt. Ich hatte etwas Angst vor der Autofahrt, da ich wenn ich im Auto sitze immer sehr schnell unruhig werde. Ich fühle mich beengt und ich kann nicht einfach aufstehen, wenn mir gerade danach ist. Aber mit guter Musik und viel schiefen Gesang von uns drei Mädels ging die Fahrt zum Glück schnell vorbei. Bevor wir in die Stadt gingen, besuchten wir noch kurz meine Eltern. Musste mir ja schließlich irgendwo mein Taschengeld abholen! Vielen lieben Dank übrigens an meine Mama und meinen Papa, die immer (auch in Taschengeld Situationen) für mich da sind. Nach einem liebevoll gekochten Kaffee für uns und ein paar netten Worten, machten wir uns dann auf den Weg. Überall waren Schlussverkäufe, der perfekte Tag also um Schnäppchen zu machen. Es hat sehr viel Spaß gemacht. Es war einer der Tage, die ich seit Wochen vermisste. Es war ein Tag an dem die Zeit keine Rolle spielte, ein Tag an dem ich das tat, was ich wollte. Ein Tag in einem eigentlich ganz normalen Leben. Doch es blieb nicht so. Einige Situationen habe ich zum Beispiel einfach überspielt. Diese vielen Leute, die dort überall waren machten mir irgendwie Angst. Diese Hitze in den Geschäften, ließ mich stockend Atmen und mir wurde immer schnell schwindelig. Ich habe nur nichts gesagt, denn es sollte mein Tag sein und ich wollte ihn mir von meiner Angst nicht kaputt machen lassen. In manchen Geschäften ging ich einfach meinen eigenen Weg und meine Freundinnen den ihren. Somit konnte ich ein wenig Ruhe sammeln. Ich war für mich in diesem Chaos. Ich wollte manchmal einfach nur raus rennen und ganz allein sein. Diese Hektik die in einer Stadt herrscht überrumpelt mich einfach. Ich habe gemerkt, das ich auf jeden Fall noch nicht soweit bin, so einen Tag öfter zu machen. Ich denke jedoch, dass ich mich gut geschlagen habe. Es hat Spaß gemacht und meine Freundinnen haben auch ständig gefragt, ob alles in Ordnung sei. Sie kümmerten sich rührend um mich und hatten auch ständig ein Auge auf mich. Wir waren erst gegen 21Uhr abends wieder zu Haus. Ich war so kaputt aber, wir wollten doch noch Sekt trinken und ich wollte mir auch das nicht vermiesen lassen. Wenn ich müde werde, gehe ich einfach ins Bett und mit diesem Gedanken saßen wir noch bis um 1Uhr nachts in meiner Küche. Mein Mann, wir drei Frauen, mit Sekt in einem Kartenchaos und es war super. Ich habe den Tag und den Abend genossen, wie noch nie. Klar gab es einige Momente, in denen ich am liebsten alles hin geschmissen hätte. Es war ein kleiner Kampf aber ich habe es geschafft.

Wenn ich so an diesen Tag zurück denke, während ich in meiner Stube auf der Couch liege, frage ich mich was daran denn so schlimm war. Es war ein Tag wie immer, genauso wie es heute ist. Warum habe ich das nicht schon in den letzten Wochen einmal getan? Einfach raus gehen und die Zeit genießen, da ich ja eh genug eigene Zeit habe. Fängt mein Kopf etwa wieder an, von allein klarer zu werden? Oder sind das wieder nur ein paar gute Tage, auf denen wie immer schlechte folgen werden. Bin ich schon wieder geheilt und das von ganz allein? Brauche ich eine Therapie denn noch, wenn ich denke dass es mir gut geht? Oder geht es mir nur gut, weil ich weiß dass ich in einigen Tagen eine Therapie bekomme? Brauche ich wirklich Zwölf Wochen oder kann ich nicht doch schon nach vier wieder nach Haus? Ich fühle mich ja eigentlich gar nicht schlecht. Was ist richtig und was ist falsch? Ich weiß es nicht. Im Moment weiß ich nicht einmal was ich heute noch so machen soll. Es ist Sonntag, normalerweise verbringt man diesen Tag doch mal auf der Couch und nur vorm Fernseher um die Woche ausklingen zu lassen. Doch ich weiß nicht ob ich das will. Raus gehen oder weg fahren möchte ich aber auch nicht. Habe ich etwa heute schon wieder einen schlechten Tag und merke es nicht richtig, weil er nicht mehr so schlecht ist wie all die anderen? Bin ich vielleicht jetzt schon auf dem Weg der Heilung oder bilde ich mir das alles nur ein oder sind es gar Ausnahmen? Gibt es etwa Ausnahmetage in einer Depression? Dann geht es mir schlecht, dann geht es mir gut und heute ist eben gar nichts von beiden. Heute ist einfach mal ein Tag, an dem es mir weder gut noch schlecht geht. Mal hü mal hott und mal gar nichts von beiden, wie war das doch gleich? Das Leben ist immer noch kein Ponnyhof und daran wird sich wohl auch so schnell nichts ändern. Fragen über Fragen und keine Antwort. Ich selbst muss lernen mir ein glückliches Leben zu machen und mit einer ordentlichen Portion Mut, Geduld und Stärke schaffe ich das bestimmt. Viel schlechter als es mir noch vor ein paar Tagen ging wird es bestimmt nicht mehr. Hoffe ich zumindest.

Die letzten Tage zogen so schnell an mir vorbei, das ich gar nicht recht bemerkte, was so alles um mich herum geschah. Eigentlich hatte ich noch eine ganze Woche Zeit um mich auf die Klinik vorzubereiten, doch ganz unerwartet riefen sie mich schon am Montag vor dem eigentlichen Therapiebeginn an. Sie sagten mir, ich könnte Mittwoch schon anreisen wenn mir danach ist, da plötzlich ein Platz frei geworden sei. Zwei Tage also noch zu Haus und dann ab in die Klinik. Und was mache ich nun? Ich wusste nicht recht. Ich wollte mich doch noch von allen verabschieden. Am Wochenende sollte es doch noch eine Art Sit-in bei mir geben. Samstag Abend all meine Freunde und Sonntag meine Eltern und Schwiegereltern. Ich war mir absolut nicht sicher. Aber muss man denn überhaupt großartig Abschied feiern? Ich komme doch wieder! Es ist ja schließlich nicht für immer. Ob ich nun schon in zwei Tagen fahre oder erst in einer Woche. Die Therapie steht so oder so an und ich bin weg. Und mit diesen Gedanken beschloss ich dann gleich los zu fahren. Je eher desto besser. Wen interessiert es denn schon das ich schnellstmöglich eine Therapie machen möchte, wenn Niemand verstehen kann das ich sie auch brauche . Es war für mich die Art von Hilfe, die ich mir so sehr wünschte. Ich klärte alles weitere mit meinem Mann und den wichtigsten Personen um mich herum. Der nächste Tag brach an und schon stand ich im Chaos. Koffer besorgen und packen. Alles Einkaufen,was ich noch so brauchte, denn für knapp 12 Wochen sollte man schon ordentlich versorgt sein. Und dann kamen noch so ein paar meiner engen Freunde um Abschied zu nehmen. Sie schenkten mir Karten mit liebevollen Sprüchen und all ihren Wünschen. Auch ein Freundschaftsbuch musste sein. Sie erwarteten glaube ich, das ich in Tränen ausbreche aber dies geschah nicht. Auch meine Schwester kam, um mich etwas aufzumuntern. Meinem Mann fiel der Abschied ebenfalls sehr schwer, aber ich empfand nichts. Mir wurde einfach klar, das ich jetzt weg muss und das mir endlich geholfen wird. Nur mit diesen Gedanken fuhr ich in die Klinik. So stark wie ich immer bin, so stark war ich auch dieses mal. Ich war weder nervös noch unruhig, ich wollte nur noch weg. Ich wollte die Hilfe haben, die ich brauchte um wieder so zu sein, wie ich einmal war! Es sollte sich endlich einmal jemand um meine Depression kümmern und mich unterstützen, denn das brauchte ich.

Der Klinikaufenthalt:

Mein Mann fuhr mich dann am Mittwoch in die Klinik. Es ging alles so schnell und schon hatte ich mein Zimmer. Es ist ein Einzelzimmer. Endlich habe ich meine Ruhe. Binnen 20 Minuten hatte ich meine Sachen dann auch komplett eingerichtet. So wie es sein soll. Ich war halt mal wieder perfekt. War es der Perfektionismus oder macht so etwas einfach jeder? Ist mein Tun und Handeln einfach normal, oder mache ich das übertrieben. Ich weiß es nicht, aber hier und jetzt war es gut so. Es dauerte nicht lang und schon standen die ersten Termine an, also beschloss mein Mann mich dann auch gleich wieder zu verlassen. Ich hatte ja eh keine Zeit für ihn und gut im Abschied nehmen waren wir beide nicht. Es war also kurz und knapp. Eine innige Umarmung und ein paar zärtliche Küsse und dann bat ich ihn zu gehen. Ich wollte es uns beiden nicht unnötig schwer machen. Denn die Zeit die jetzt kommt ist eh schon schwer genug. Ich war allein und mein Mann ab jetzt auch. Ich habe nicht geweint. Es bedrückte mich nur ein wenig und auch nur kurz, das er jetzt ohne mich auf dem Heimweg ist. Andere Gedanken kamen jedoch nicht. Die Therapie musste schließlich sein und ich komme ja auch wieder nach Hause. Doch was mache ich jetzt? Es ist keiner hier den ich kenne, wollen die Leute überhaupt etwas mit mir zu tun haben? Hier hat doch schließlich jeder seine eigenen Sorgen. Akzeptieren die Leute mich so wie ich bin, oder bin ich vielleicht sogar unerträglich? Vor dem mir bevorstehenden Mittagessen wollte ich noch eine Rauchen gehen. In der Stube, die wir hier haben und die zu unserem Raucherbalkon führt, saßen Leute. Die Tür war zu und man hörte viele Leute reden. Was mache ich jetzt? Ich kann doch da nicht einfach rein gehen! Was ist wenn ich störe oder wenn ich ihnen nicht gefalle? Nein dachte ich mir. Jetzt und hier nicht. Ich muss da durch und ich geh da jetzt rein. Ich lerne sie ja eh kennen und was soll mir denn schon passieren. Ich gehe da rein, stelle mich kurz vor und gehe raus eine Rauchen. Und ich tat es, ich öffnete die Tür und ich sah eine kleine angesammelte Gruppe, gemischt mit Frauen und Männern in meinem Alter. Ich winkte mit der Hand, um kurz auf mich aufmerksam zu machen und stellte mich vor. Anschließend ging ich auf den Balkon. Phu! Die erste Hürde habe ich geschafft. Ich war draußen und ich war allein. Beim Mittagessen merkte ich jedoch schnell, das alle hier sehr nett zu mir sind. Da ich noch nichts zu essen bekam, weil mein essen zu spät angefordert wurde, bat mir jeder etwas von sich an. Ein Stück Kuchen hier, einen Joghurt da und auch eine Suppe ließ nicht lange auf sich warten. Es war ungewohnt, aber schön. Alle die in meiner Reichweite waren unterhielten sich gleich mit mir. Man fühlte sich hier von Anfang an aufgenommen und verstanden und es tat einfach einmal gut, so etwas zu fühlen. Am Nachmittag folgte dann die erste Therapiestunde. Es war die so genannte Laufgruppe. Eigentlich geht es in erste Linie darum, draußen gemeinsam Joggen oder Walken zu gehen, da es aber glatt war und überall Schnee lag, beschlossen unsere Pfleger mit uns Rodeln zu gehen. Bewaffnet mit blauen Säcken, einer Plastik Kiste zum darauf setzen und genug Leuten, gingen wir dann zum nächstgelegenen Rodelberg. Alle sausten sie die Piste runter. Dort hatte man keine Sorgen. Wir waren ein Team und machten gemeinsame Sachen. Ich allerdings stand erst einmal nur daneben und schaute mir das ganze aus sicherer Entfernung an. Ich wollt gerne mit rutschen, aber ich hatte echt Angst davor mich zu blamieren. Ich wollte nicht das irgendjemand über mich lacht. Ich wollte nichts falsch machen. Also sah ich einfach nur zu. Und auch das tat gut. Nach einer gemeinsamen Schneeballschlacht und einem Schneemann Bau, mussten wir wieder zurück, denn die Stunde hat ja schließlich auch ein Ende. Es war schön. Der Kopf war frei und man genoss die Zeit. Vor dem dann folgenden Abendessen, gab es eine so genannte Abendrunde. Es war ein gegenseitiges Feedback, über den erlebten Tag. Alle sitzen versammelt in der Küche um den Esstisch. Jeder auf seinem Platz. Nichts zu Trinken und nichts zu Essen. Erstmal einfach nur sitzen und tief durchatmen. Für mich war es sehr unangenehm. Ich weiß nicht warum, aber mich störte es sehr, dass alle nur sitzen und keiner redet. Und dann ging es los. Wir machen ein so genanntes Blitzlicht. Dieses beinhaltet kurze Aussagen über den vergangenen Tag oder die vergangene Nacht. Wie empfand man den, was hat man für Sorgen und wie fühlt man sich. Jeder hat also kurz und knapp erzählt und auch ich musste es machen. Ich hatte höllische Angst davor. Ich wollte wieder nicht auffallen, oder gar vor all den Leuten hier etwas sagen. Mein Herz raste, ich merkte wie mir das Gesicht rot anlief und mir der Atem stockte. Nur da muss ich jetzt durch, denn das gibt es ab sofort jeden Morgen und jeden Abend. Aber ich glaube das wird mir gut tun, denn nur so lerne ich endlich einmal aus mir heraus zu kommen. Ich merke endlich dass es nichts schlimmes ist, wenn man vor anderen Leuten reden muss. Diese Morgen und Abendrunde geht jeweils eine halbe Stunde und man hat die Möglichkeit auch Dinge zur Ansprache zu bringen die einen belasten. Jeder hört zu und jeder ist mit Rat und Tat da um einen zu unterstützen. Den Abend habe ich dann mit gemeinsamen Puzzeln ausklingen lassen. Von um 19Uhr bis um knapp 23 Uhr saß ich mit meinem Tischnachbarn zusammen und erzählten über Gott und die Welt. Es war schön. Meine Schlaftablette habe ich auf eine Ganze hoch dosieren lassen und als diese dann ihre Wirkung zeigte, ging ich auch endlich ins Bett. Ich schlief wie ein Stein. Es war ruhig. Es war still. Ich war für mich und doch nicht allein. Es gibt Menschen, denen geht es so wir mir und sie verstehen mich und meine Sorgen. Sie sind mir nicht böse, wenn ich depressiv in der Ecke sitze und meine Ruhe haben möchte. Nein sie verstehen es und sie versuchen sogar einem aus diesem Loch zu helfen. Es ist schön hier zu sein. Hier, wo mir jeder helfen kann. In den folgenden Tagen standen Psychotherapie, Kunst und Bewegungstherapie auf meinem Plan. Ich war sehr gespannt auf das, was mich dort erwartet. Meine Psychotherapeutin kannte ich ja schon und zu ihr hatte ich auch großes Vertrauen. Die anderen Therapeuten lerne ich ja dann auch noch kennen. Für den heutigen Tag stand allerdings nichts mehr auf meinem Plan und somit beschloss ich mit einigen Mitpatienten und vor allem meinem Tischnachbarn schwimmen zu gehen. Sie versuchten mich schon seit gestern zu überreden und heute gab ich mir endlich einmal einen Ruck. Wir zogen gemeinsam los. Es wird bestimmt lustig. Ich hatte zwar ein wenig Angst davor, mich auch dort zu blamieren, aber ich ging mit. Ich war ja immerhin hier, um meine Ängste und Sorgen in den Griff zu bekommen. Also werde ich lernen müssen, mich auch mal zusammen zu reißen und über meinen Schatten zu springen.

Gesagt getan, nach der anstehenden Visite die mich ziemlich traurig gemacht hat, da ich an einige Erkenntnisse geraten bin die mir nie bewusst waren, gingen wir schwimmen und ich bekam wieder den Kopf frei. Es war schwer für mich, allein als Frau in die Umkleide Kabine zu gehen, da ich mit zwei Männern unterwegs war, aber ich habe es geschafft. Ich versuchte einfach so unscheinbar wie möglich zu sein und mit dieser Einsicht und Entscheidung konnte ich einmal über meinen Schatten springen. Das einzige, was mir bisher einfach nicht aus dem Kopf ging, war die Visite, die ich mit dem Oberarzt, meiner Psychotherapeutin und dem Pflegepersonal hatte. Es waren eigentlich nur ganz einfach Fragen. Warum sind sie hier? Sind sie gut angekommen? Wie geht es ihnen heute. Mir ging es doch die ganzen letzten Tage gut aber, nach jedem guten Tag folgt ein Schlechter. Und genau das traf ein. Mir ist klar geworden, das nicht nur dieses Geburtstrauma an dem schuld war, wie ich jetzt bin, nein es steckt einfach noch viel mehr dahinter! Ich glaube es hat etwas mit meiner Kindheit und Erziehung zu tun. Nein, ich glaube es nicht nur, ich weiß es. Meine Mama brachte mir immer bei, ein starker Mensch zu sein. Dieses sollte ich jedoch nur mit dem Hintergrund, dass ich mich nicht auf meine Körpergröße reduziere, sondern auf mein Charakterstärke. Natürlich half es mir, im Leben besser klar zu kommen, aber es hat mich bis heute sehr geprägt. Ich bin stark, egal in welcher Lage und werde es auch bleiben. Ich habe keine Schwächen und selbst wenn ich welche hätte, würde ich es nie zugeben! Ich hoffe sehr dass diese Maske, die ich mir da aufsetze endlich einmal fällt, damit all die Leute um mich herum sehen, wie ich wirklich bin.Wenn ich mir meine Zeilen hier einmal so durchlese, bezweifle ich sogar sehr ob es richtig ist überhaupt eine Maske zu tragen. Ich bin so wie ich bin und muss lernen auch so zu sein. Ohne Maske und unabhängig von irgendwelchen Situationen. Ich habe eben gute Tage und ich habe auch mal schlechte Tage. Wie jeder Mensch auf der Welt. Ich bin eben ein Mensch mit starken und schwachen Seiten. Es überwiegt weder das eine, noch das andere. Es kostet mich unheimlich viel Mühe dies zu lernen, aber ich nehme es in Angriff und werde für mich selbst und für jede mich betreffende Situation lernen müssen, das richtige Gesicht parat zu haben.

Gestern hatte ich zum Beispiel wieder einmal einen sehr schlechten Tag. Meine Laune war sehr deprimierend und ich vermisste ein wenig mein kleines Schneckenhaus. Komischerweise vermisste ich aber auch nur das und nichts anderes. Ich denken nicht an zu Hause, ich denken nicht an meine Freunde und nur ganz selten an meine Familie. Es tut einfach nur gut hier zu sein. Hier ist jeder so wie ich und es muss sich keiner verstecken, da wir wissen wie es ist. Wir kennen diese Momente an denen man gar nichts will. Wir kennen diese Tage, an denen das Leben mehr als schlecht ist. Jeder versteht hier jeden. Da mein gestriger Tag so negativ war, beschloss ich nach dem Abendessen einfach einmal eine Runde Klavier zu spiele. Meinen Gefühlen somit Ausdruck zu verleihen und um eventuell auch endlich wieder weinen zu können. Ich hatte so viel gemischte Emotionen in mir, die einfach raus mussten und ich hatte das Gefühl, einfach weinen zu müssen. Doch am Klavier geschah nichts. Ich spielte Melodien, dir mir gerade in den Sinn kamen. Aber ich weinte nicht. Ich lachte auch nicht. Es war kein Gefühl da, wie jeden Tag. Habe ich etwa verlernt zu fühlen? Ich lebe jeden Tag wie den vorherigen. Die Tage sind für mich halt einfach da und es gibt nichts Besonderes. Wenn ich einen guten Tag habe, heißt es nicht gleich, das ich ständig lache oder nur herum laufe und fröhlich bin. Ein guter Tag ist für mich nur ein Tag, an dem ich eben nicht traurig bin. Es ist für mich ein Tag wie jeder andere, der noch kommen wird. Nur mit dem Wissen das nach guten Tagen, schlechte folgen und umgekehrt, komme ich über die Runden. Das Klavier spielen an sich, war mal wieder etwas anderes. Es tat gut und ich hatte Luft für mich. Ich war allein und konnte mich nur für mich selbst in dem Musikspiel ausdrücken. Ich fühlte mich auch anschließend etwas leichter, aber mehr nicht. Ich weinte nicht, ich lachte nicht, ich genoss es zwar, aber das war auch schon alles.

Heute möchte ich noch mit einigen Leuten in die Stadt. Da ich die Gegend nicht kenne, ist es ganz gut dass jemand an meiner Seite ist, der mir zeigt wo es lang geht und mich ein wenig unterstützt. Nur noch Mittag essen und dann geht es los. Da bin ich ja mal gespannt. Einige Leute der Station durften übers Wochenende nach Hause und man merkt auch das kaum noch einer hier ist. Es ist ruhig aber das tut auch mal ganz gut. Somit hat man die Möglichkeit etwas mehr abzuschalten als sonst.
Der Stadtgang war prima. Ich kam mal wieder so richtig in Kauflaune und gefunden habe ich genug. Auch eine mit-Patientin von mir hat es seit langen einmal wieder geschafft, etwas zu finden und es dann auch zu kaufen. Also gab es endlich ein Erfolgserlebnis für mich und für sie. Doch es kam, wie es kommen musste. Am Abend holte mich das Chaos wieder ein. Ich fühlte mich soweit

echt fit und auch die letzten Tage waren ganz in Ordnung. Aber bei unserer Abendrunde holte mich meine Entscheidungsschwäche wieder ein. Einer von unserer Station wollte nach dem Essen noch zu Ikea fahren und fragte mich ob ich mit kommen möchte, er würde sich freuen. Aber ich wollte nach dem stressigen Tag doch eigentlich nur noch in die Badewanne, einen Cappuccino trinken und mit den anderen von unserer Station fernsehen. Was mache ich denn jetzt? Fahre ich mit? Dann kann ich nicht baden. Bade ich schnell und fahre dann? Aber dann habe ich keinen ruhigen Abend und kann nicht fernsehen. Gehe ich nicht baden und wir fahren früher los? Vielleicht kommen wir dann pünktlich zurück und können uns den anderen noch anschließen. Aber dann habe ich keine Ruhe. Ich beschloss nach langem hin und her doch hier zu bleiben und baden zu gehen. So wie ich es von Anfang an wollte. In der Wanne kam mir dann doch die Idee, das ich noch Klavier spielen könnte. Nur dann komme ich zu spät zum fernsehen. Warum muss man sich denn immer entscheiden? Warum gibt es keinen klaren und einfachen Weg? Es sind so viele Sachen die ich möglichst alle gleichzeitig machen will, um all meinen Bedürfnissen gerecht werden zu können. Und nicht nur meinen Bedürfnissen, sondern auch deren anderer. Ich weiß wieder nicht wo mir der Kopf steht. Das einzige was heute toll war und echt gut lief, war das ich eingekauft habe und ordentlich was gefunden hatte. Aber hätte es nicht mehr sein können? Hätte ich mit einer perfekten Zeitplanung nicht alles erreichen können? Ich weiß es nicht. Ich weiß nur, dass ich diese Entscheidungsschwäche in den Griff bekommen muss denn sonst mache ich mich definitiv kaputt damit.

Erkenntnisse?!

Der heutige Tag war bisher auch nicht gerade prickelnd. Eigentlich sollte es mir doch gut gehen, bei all der Ruhe die ich jetzt habe. Denn genau diese Ruhe wollte ich. In den letzten Tagen hatte ich schon beinahe das Gefühl, das ich mein bisheriges Problem bereits gelöst hätte, aber das war nicht der Fall. Ich habe erkannt das nicht nur die Geburt schuld an dem war, wie ich jetzt bin sondern einige andere Sachen. Ich schätze das vieles wirklich aus meiner Kindheit kommt. Aber habe ich jetzt, wo ich den Ursprung erkannt hab, nicht auch schon meine Lösung? Bin ich schon geheilt? Ich weiß es nicht. Ich bin heute schon wieder völlig neben der Spur und weiß weder Ein noch Aus. Was mache ich? Was lasse ich lieber. Ich habe schon ein Bild gemalt um meinen Gefühlen einmal Ausdruck zu verleihen, aber wenn ich mir mein Meisterwerk etwas näher anschaue bekomme ich Angst. Tief in meiner Seele lauern Sachen und Dinge, die mich selbst sehr erschrecken. Ein fast schwarze Landschaft deckt den Hintergrund des Bildes ein. Im Vordergrund steht eine Wage mit zwei absolut unterschiedlichen Gewichten. Ein Geist in Ketten und überall sind Tränen. Überall auf dem Bild sind Wörter: Warum, wieso, weshalb, kalt, einsam, schwer und allein. Warum ist so etwas in meinem Kopf? Warum kann ich nicht endlich weinen um meine Gefühle los zu werden. Nein stattdessen spiele ich traurige Melodien auf dem Klavier und male beängstigende Bilder. Ist das mein Ausdruck? Habe ich etwa verlernt wie man Gefühle zeigt? Ich habe mit diesem Bild zum Ausdruck bringen wollen, wie sehr ich unter meiner Situation leide und ich denke genau das habe ich geschafft. Alles um mich herum belastet mich und beschwert mir mein Leben. Einfach nichts ist positiv. Niemand um mich herum, würde glauben das dieses Bild von mir stammt, da ich immer sehr taff rüber komme. Aber dieses Bild bin ich. Es ist meine Seele, die mir signalisiert dass etwas nicht im reinen ist. Wie lange wird es wohl dauern, bis ich einmal wieder zu den frohen Farben der Welt zurück kehre. Eine Sommerwiese mit Schmetterlingen und Blume male oder etwas völlig abstraktes? Oder werde ich für den Rest meines Lebens nur noch so sein? Bin ich vielleicht normal, so wie ich gerade bin? Lasse ich mich therapieren um anders zu sein?

Einige Tage verstrichen ins Land und so wirklich weiß ich immer noch nicht wo mir der Kopf steht. Der heutige Tag für meine Verhältnisse recht gut. Ich war die ganze Zeit super drauf, man könnte es schon beinahe gute Laune nennen. Doch jetzt, wo ich bei einer gemütlichen Runde am Abend in der Stube sitze, holt mich alles wieder ein und ich verkrieche mich, ohne den anderen Bescheid zu geben ins Kunstzimmer, um meine Gedanken aufzuschreiben. In meiner eigentlich guten Wohngemeinschaft die wir hier haben, fühle ich mich trotzdem allein gelassen und es kommt mir vor, als wenn mich niemand mögen würde. Weder die Ärzte oder die Schwestern, noch die Patienten. Dabei verstehe ich mich doch mit jedem. Ich fühle mich ausgegrenzt, obwohl sich jeder zu mir setzt. Ich fühle mich nicht verstanden, obwohl jeder mit mir redet. Ich fühle mich traurig obwohl ich äußerlich lache. Ich könnte weinen und es kommen keine Tränen. Es war ein so schöner Tag und er nimmt wieder einmal ein so bitteres Ende. Hätte er nicht so enden könne, wie er auch angefangen hat? Warum mache ich mir Sorgen, obwohl ich hier am richtigen Platz bin?

Ich weine!

Endlich kommen einmal einige Tränen, auf die ich schon seit Tagen wartete. Ich will doch nur in mein altes Leben zurück, ist das etwa zu viel verlangt? Ich möchte all meine depressiven Gedanken endlich über Bord werfen können, aber das geht nicht. Diese Last des Alleinseins und das Gefühl zu haben nichts Wert zu sein, machen mich kaputt und ich kann nichts dagegen tun. Ich weiß ja noch nicht einmal genau, warum ich so depressiv bin! Was ist in meinem eigentlich so wundervollen Leben daneben gegangen, das ich hier angekommen bin? Es gibt nur eine Person, die mich hier zum Lachen bringt und so sehr ich auch versuche all den anderen gerecht zu werden, so mehr habe ich das Gefühl das ich sie nerve. Wieso schätze ich mein Tun und Handeln nur so falsch ein? Oder ist es sogar so? Jeder Mensch ist doch anders und jeder versteht sich eben nun mal mit jedem anders. So ist das Leben und das wird sich nicht ändern. Ich denke nur immer, das ich ständig Fehler mache. Aufbauende Worte kann ich nicht annehmen und das obwohl ich es zulassen sollte. Ein gutes hat es ja, das ich jetzt depressiv und allein im Kunstraum des Klinikums sitze, ich weine. Seit Wochen fließen bei mir endlich einmal die Tränen und mir wird immer klarer, dass ich noch knapp zehn Wochen ohne meine Familie hier sitze und kämpfen muss. Ich weiß nur nicht wie ich das alles schaffen soll. Klar sagte mir keiner das es einfach sei und das war mir auch bewusst, aber ich bin eben allein. Man Lebt allein und man Stirbt allein. So ist es eben. Ich atme tief durch und wische mir Tränen aus den Augen. Ich muss stark sein und ich schaffe das auch. Wie, weiß ich noch nicht, aber irgendwie wird das klappen. Ich habe ja immerhin angefangen diesen Weg zu gehen, also sollte ich ihn schließlich zu Ende gehen. Wenn ich meinen heutigen Tag noch einmal durch meine Gedanken gleiten lasse, wirft sich die Frage auf ob ich nicht wieder einmal nur in mein altes Muster zurück gefallen bin und das ach so tolle Leben nur geschauspielert habe. Ich hatte so unendlich viel Energie, wo die her kam weiß ich nicht aber ich habe alles gemacht, was ich sonst auch gemacht hätte. Und was ist jetzt? Der Alltag holt mich zurück ins Leben. Ich bin im Moment nicht die, die ich sein will. Ich fühle mich zerbrechlich und teile es aber niemandem mit. Sie sehen nur das liebe, nette, kleine und freche Mädel. Es kann mir keiner in die Seele gucken und sie können es erst recht nicht, wenn ich nichts sage. Der Drang zu Erzählen und mich jedem mit zu teilen ist ja da, aber ich mache es nicht, weil ich keinen damit belasten und vor allem nerven möchte. Wir sind alle aus dem gleichen Grund hier, das ist mir klar aber, es hat schließlich jeder sein eigenes Problem. Sie müssen nicht noch meines mit sich herum tragen. Also bin ich still und setze ein liebes Lächeln auf oder tu einfach so, als wenn nichts wäre. Und selbst wenn ich mich traue etwas preis zu geben, sage ich nur wenig. Die Zeit hier vergeht wie im Flug und schon sind es ganze zwei Wochen, an denen ich hier teil habe. Gelernt habe ich noch nicht viel, aber ich schätze das es noch kommt. Vor einigen Tagen bekam ich Besuch. Besuch auf den ich mich freute, aber vor dem ich Angst hatte. Ich wurde am Abend davor, von Minute zu Minute unruhiger. Der Drang in mir alles abzusagen wuchs und die schlechte Laune in mir stieg unaufhörlich. Aber was sollte ich bloß tun? Meine Eltern wollten doch kommen und ich möchte sie auch unbedingt sehen, denn ich brauche Sie in dieser Zeit an meiner Seite. Aber der Besuch meines Mannes und meines Sohnes war einfach unumgänglich. Zudem wollte mein Mann auch noch einen Überraschungsbesucher mitbringen. Er dachte ich würde mich freuen und meinte es ja auch nur lieb. Und um ihn nicht zu enttäuschen, spielte ich dieses Spiel brav mit. Ich wollte eigentlich nur noch davon laufen und Ruhe haben. Ich wollte für mich sein und niemanden sehen. Wenn ich ewig dieses Spiel weiter spiele, wird sich an meiner Zukunft nichts ändern und das ist sicher. Aber ich möchte ja auch niemanden weh tun. Was also sollte ich machen? Ich war wieder einmal die liebe, nette und verständnisvolle Tochter, Ehefrau und Mutter die jeder kennt. Und machte einfach eine gute Mine. Als alle dann wieder fort waren, fühlte ich mich als wenn mich ein Panzer überrollt hat. Ich hatte keine Kraft mehr. Diese ewigen Rechtfertigungen und Fragen nach mir und meiner Situation waren einfach zu viel. Nach einem weiteren Gespräch mit meiner Psychologin ist mir klar geworden, das ich meine Wünsche und Ziele endlich in den Vordergrund stellen muss. Ich muss lernen zu sagen was ich möchte und das ohne Angst davor zu haben. Denn wenn keiner weiß was ich möchte, kann mir auch keiner helfen und mich in meiner Situation unterstützen. Nach diesem Gespräch griff ich seit langen wieder zu meinem Handy und tätigte einige Anrufe. Ich erklärte meinem Mann und meinen Eltern das ich die Luft brauche und mich ständig unter Druck gesetzt fühle. Ich möchte im Moment niemanden sehen und auch nicht ständig telefonieren. Ich habe keine Kraft dafür. Sie verstanden es und unterstützten mich. Ich hätte nie gedacht, das so etwas möglich wäre oder das sie mich verstehen. Aber alle akzeptierten es und das Thema war vom Tisch. Besuch bekomme ich nur, wenn ich danach frage und Telefonieren brauche ich auch nur, wenn mir gerade danach ist. Rechtfertigen muss ich mich ja auch nicht, wenn ich allen gleich sage, das es mir eben nicht so gut geht und ich auch nicht drüber sprechen möchte. Es scheint doch alles sehr einfach zu sein, wenn man nur den richtigen Weg einschlägt. Ich habe endlich die Luft, die ich zum Atmen brauche. Ich kann an mir arbeiten, da alle hinter mir und meinen Entscheidungen stehen und wenn mir mal eben nicht nach reden ist, mache ich es auch nicht. Nur ich und meine Wünsche stehen im Vordergrund und nichts anderes. Warum ging es denn früher nicht auch so?

Die Lösung ist doch eigentlich sehr klar und ich hab es nie gesehen. Reden ist das, was ich lernen muss. Nein sagen und Grenzen setzen. Nicht nur anderen Leuten gegenüber, sondern auch mir selbst. Ich bin heute recht gut drauf, was ja nicht sehr oft vor kommt und im Moment glaube ich sogar das ich schon den Anfang der Therapie gemacht habe. Ich fange endlich an, an mir zu Arbeiten und meine Probleme zu beheben. Wie ich in den letzten zwei Wochen bemerkt habe, gibt es bei mir ja noch weit aus mehr Baustellen als das Trauma der Geburt. Es macht mir höllische Angst alles noch einmal erleben und aufarbeiten zu müssen, aber ich bin hier nicht allein. Jeden Tag ist einer für mich da und greift mir unter die Arme. Ich werde das schaffen. Kopf hoch, Schultern gerade, Blick nach vorn in die Zukunft. Ich werde wieder ich selbst und daran glaube ich ganz fest. Eine Welt in der die negativen Gedanken nicht die Hauptrolle spielen, ein Leben wie ich es früher hatte. Den

Tag leben, den Wunsch zu haben endlich wieder eine gute Mutter zu sein und meinen liebenden Ehemann an meiner Seite. Ich werde endlich wieder leben können. Wenn ich weinen muss, dann weine ich, wenn ich lachen will dann lache ich und wenn ich eben etwas ganz anderes will, mache ich auch das. Ich werde wieder so, wie ich einmal war und dafür werde ich alles tun. Den ersten Schritt habe ich bereits getan, ich bin hier. In einer Klinik mit Ärzten und Psychologen, die mir die Richtung weisen. Mit Patienten, die mein Schicksal teilen und mich verstehen. Hier bin ich nicht allein. Der erste Schritt ist getan und nun fange ich endlich an, an mir zu arbeiten.

Wenn ich so an meine letzten Wochen und Monate zurück denke, bin ich echt froh darüber, das ich den Schritt in die Klinik gemacht habe. Das Chaos und die Unruhe, die in mir herrschen, verlieren ganz langsam ihr Dasein. Die Wochen und Tage, an denen ich mich danach sehnte endlich Ruhe vor allem zu haben, scheinen ein Ende zu nehmen. So zumindest habe ich gerade das Gefühl. Ob es heute ein Ausnahme Tag ist, oder ob meine Gedanken so bleiben, werde ich ja noch sehen. Jeden Tag aufs neue wird an mir gearbeitet. Ich kriege Aufgaben gestellt und muss über so viele Dinge nachdenken. Warum ist es so gekommen? Woher stammt mein Perfektionismus? Warum bin ich so unruhig und habe den Drang danach immer alles gleich zu machen und vor allem immer 100 Prozent zu geben? Antworten habe ich zwar noch nicht, aber ich bin dabei welche dafür zu finden. Die Therapien hier sind sehr gut. Es ist schwierig sich mit all den Dingen auseinander zu setzen, aber es fängt an, mir zu helfen und das schon nach nur zwei

Wochen. Circa acht Wochen habe ich noch vor mir und ich denke das ich mich wirklich verändern werde. In meiner Kunsttherapie habe ich bis jetzt zumindest schon einmal erkannt, das ich mich ständig unter Druck setze. Es sind nicht die anderen, die das machen, sondern ich selbst. Ich will mein Leben so perfekt wie möglich machen und dazu gehört alles was ich mache. Und wenn ich es erledigt habe, stelle ich es trotzdem in frage und kritisiere mich selbst. Ich habe ein Bild gemalt, was einem Regenbogen ähnelt. Es war eine Aufgabe, die laut meiner Kunsttherapeutin nicht gerade leicht zu lösen ist. Drei Farben bekam ich zum malen und nur anhand des Mischens wurden Farbwechsel erzeugt. Die Übergänge sollten so sanft wie nur irgend möglich sein und mir viel bereits beim Malen auf das ich Stück für Stück ruhiger wurde. Eine Wochen nach dieser Stunde, wurde mir das Bild erneut gezeigt und ich wurde gefragt, wie ich es fand. Es gefiel mir nicht. Es war so sanft, die Farben so geschmeidig und die Übergänge ineinander sogar fehlerlos. Es gefiel mir trotzdem nicht, es war langweilig und das war nicht ich. Ich fing also wieder an, mich zu kritisieren. Diese Aufgabe der Acrylmaltechnik war nicht leicht und ich habe es super gemacht. Dies war zumindest die Meinung der Kunsttherapeutin. Aber ich fand mich in diesem Bild nicht wieder. Ich hätte es besser machen können und ich hätte auch eine schwierigere Aufgabe gut gebrauchen können. Für mich steckt in diesem Bild keine Leistung, sondern einfach nur Farben die sich eben wechseln. Rot, orange, gelb, grün, blau, lila und violett. Was ist daran denn bitte besonders? Ich wurde gelobt, konnte es dennoch nicht annehmen oder mir zu Herzen nehmen. Ich hätte es besser machen können oder einfach eine schwierigere Aufgabe gebraucht. Ist es richtig, wenn man ständig solchen Zielen hinterher hechtet? Ich glaube nicht, denn sonst wäre ich wohl nicht hier. Wie war das doch gleich 80 Prozent können auch 100 Prozent sein und das muss ich lernen und umsetzen. Und vielleicht steckten in diesem Bild auch schon 100 Prozent und ich sah es nur nicht. Ich muss üben mich zu loben. Vor allem zufrieden mit dem zu sein, was ich mache und mir nicht vor Augen halten, das alles eben noch besser gehen könnte. Ich bin ein Mensch mit Stärken und Schwächen und das was ich mache, mache ich gut. Es ist ein komisches Gefühl, wenn man mal gelobt wird, ich weiß noch nicht wie ich damit umgehen soll. Und vor allem weiß ich nicht, wie ich mich selber loben kann. Ich mache meine Sache gut und mehr nicht, ich muss lernen mir diesen Satz ständig vor Augen zu halten. Klar gilt dieser Satz sicherlich nicht für alle Situationen, aber im Bezug auf das von mir gezeichnete Bild schon.

Eine weitere Aufgabe vor der ich noch stehe, ist eine Hausaufgabe von meiner Bezugspflege. Bezugspflege ist eine Dame aus dem Pflegeteam, die sich explizit um mich kümmert und das bei all meinen Sorgen, Ängsten und Problemen und sie hilft mir bestimmte Sachen in die Tat umzusetzen. Sie gab mir die Aufgabe, binnen der nächsten Woche einen so genannten Baustellen Plan aufzuschreiben. Zehn Dinge, die ich an mir ändern möchte. Vielleicht auch ein paar mehr oder weniger. Handlungen aus dem Alltag, an denen mir aufgefallen ist, das ich lieber anders gehandelt hätte, als ich es bereits tat. Oder auch Sachen die ganz klar im Vordergrund stehen, wie zum Beispiel meine ständige Unruhe und Genauigkeit. Ich werde mir Zeit lassen mit diesem Plan, das kostet mich zwar Überwindung, aber ich werde es schaffen nicht immer alles gleich zu machen. Der Zettel und der Stift läuft ja nicht davon, also kann ich das auch morgen oder gar übermorgen machen. Ich lerne Ruhe zu bewahren. Der erste Schritt, in ein normales Leben zurück. Eigentlich ist es ja sogar schon der zweite Schritt. Der erste war, das ich in diese Klinik gegangen bin und nun fange ich an mich zu ändern. Ich stehe bereits in einem Prozess, der sich jetzt nicht mehr aufhalten lässt und genau das wollte ich auch. Ich mache meine Sache gut und davon bin ich im Moment sogar überzeugt. Es sind die ersten positiven Gedanken seit langen und dabei werde ich es auch für heute belassen. Ich werde jetzt den restlichen Tag genießen und einfach einmal versuchen das zu machen, wonach mir eben gerade ist.

Wir haben bereits Wochenende. Es ist schon das dritte was ich hier verbringe und ab nächsten Wochenende muss ich wieder in mein Leben zurück. Von Samstag auf Sonntag, ist es dann Pflicht mindestens jedes zweite Wochenende über nach Hause zu fahren. Eine Übung die uns unser altes Leben wieder zeigen soll. Ich habe mir bereits viele Gedanken über dieses nach Hause fahren gemacht und habe für mich beschlossen, das ich zu meinen Eltern fahren werde. Mein Mann soll mich dann dort besuchen kommen. Andere Leute würden sich bestimmt super freuen, nach fast vier Wochen endlich wieder in seine eigenen vier Wände zurück kehren zu dürfen, aber ich möchte das nicht. Nicht weil ich mich zu Hause nicht wohl fühlen werde, nein es ist einfach nur die Angst davor, gleich von vorn herein wieder überfordert zu werden. Bei meinen Eltern bin ich super gut aufgehoben und sie sind für mich da und können mir den Einstig etwas erleichtern. Ich bin sehr froh darüber, dass mein Mann das auch versteht. Ich würde schon gern wieder meine Familie um mich haben, aber ich finde dennoch, das ich dafür einfach noch nicht weit genug bin. Die wenige Kraft die ich hier schon gesammelt habe, möchte ich einfach noch ein wenig behalten und genießen können, bevor ich mich wieder voll belaste. Ein Tag nach dem anderen zieht hier an einem vorbei und was mich sehr wundert, ist das ich das Gefühl habe ein wenig von der Traurigkeit zu verlieren. Ich komme so ganz langsam wieder zu Kräften und auch nur ganz langsam denke ich wieder etwas positiver. Die Angst die dennoch bleibt ist, das das Wissen über dieses ständige Auf und Ab der Gefühlswelt. Was ist jetzt also, wenn nach dem vielen Guten, auch vieles Schlecht folgen wird? Ich möchte nicht wieder tief traurig und depressiv unter meiner Bettdecke hocken, nein ich möchte das es so weiter geht. Mein altes Leben kehrt in ganz kleinen Stücken zu mir zurück und das sogar schon nach so kurzer Zeit. Es tut einfach gut, all diese Gedanken endlich mit Hilfe verarbeiten zu können. Mein Kopf ist lange nicht mehr so voll, wie er es einmal war. Und so einsam wie ich mich immer gefühlt habe, bin ich ja auch nicht. Jeder versteht mich, jeder ist für mich da, alle unterstützen einem und wir bauen uns gegenseitig auf. Die Leute die hier sind und die man dennoch erst so wenig kennt, verstehen einen besser, als jeder guter Bekannte oder gar bester Freund. Es ist Wahnsinn, das in solch einer Krankheit, so unendlich viel Zusammenhalt steckt. Ich weiß jetzt schon, das ich diese Zeit die ich hier verbringe, ganz bestimmt sehr vermissen werde. Aber ich bin ja schließlich hier um später wieder in mein altes Leben zurückkehren zu können und nicht um mein Leben

auf den Kopf zu stellen und hier zu bleiben. Also heißt
es, weiter lernen und somit den Akku aufladen. Heute
habe ich den ersten Tag seit langem einfach mal das
gemacht, wonach mir gerade war. Es war ein Wellness
Vormittag. Zwei meiner Mitpatientinnen und ich haben
uns selbst Gesichts Peeling`s und Haarkuren gemacht.
Die Küche sah fast so aus, als wenn wir uns einen
Kuchen backen wollten. Keiner schaute auf die Uhr, alles
war entspannt. Wir lachten und machten kleine Späße.
Als bei jedem von uns dann noch der Kopf mit Alufolie
umwickelt war und wir eine grüne Gesichtsmaske
auflegten war das Bild perfekt. Wir sahen aus als, wenn
wir tatsächlich hier her gehörten. Völlig verrückt und
einfach nur neben der Spur. Wir hatten echt Spaß. Es war
das erste mal seit langen, das ich kein Druck Gefühl in
mir verspürte. Ich machte einfach das, wonach mir
gerade war und es war einfach wunderschön. Mit unserer
Maske und unserer Kur in den Haaren saßen wir dann
anschließend draußen auf unserem Raucherbalkon. Es lag
noch ein wenig Schnee aber die Sonne schien so stark,
das die Kälte keine Chance hatte durchzuringen. Und
man genoss die Wärme. Die Vögel sangen wie immer ihr
Lied und wir waren im Genuss der Ruhe, alle zusammen
und doch jeder für sich selbst. Es war ein verdammt
schöner Vormittag. Ich hoffe sehr das ich die Kraft habe
und diese Ruhe in mir behalten werde. Ich möchte so
gerne bei Kräften bleiben. Ich werde einfach versuchen
die Energie der Sonne in mich aufzusaugen und dann
geht es mir bestimmt noch etwas besser als so schon. Die
Gedanken an dem bereits vergangenen Vormittag geben
mir Kraft. Kraft die ich schon lange nicht mehr hatte und
nach der ich mich so sehr sehnte. Einfach glücklich und
zufrieden in den Tag hinein leben, so wie ich es früher

einmal tat. Mit jedem Tag, an dem der Winter vorbei zog und seine graue und eisige Kälte mit sich nahm, trat die Sonne in unser Leben und genau so fühlt sich der Weg meiner Depression auch an. In kleinen Stücken wird sie von mir weichen und ich werde wieder ein ganz normaler Mensch, mit ganz normalen Problemen. Das Leben wartet auf mich und ich werde kommen.

Wie war das doch gleich? Nach jedem guten Tag folgt ein schlechter. Und genau das passierte. Mir ging es auf einmal so verdammt schlecht und weiß gar nicht so recht warum. Ich bin müde, obwohl ich geschlafen habe. Ich habe weder gute, noch schlechte Laune. Ich bin einfach nur existent und mehr nicht. Die guten Tage, die ich versucht habe in mir aufzusaugen, halten nicht an. Ich muss lernen, dass diese Tage einfach kommen und gehen und mehr nicht. Ich muss sie für den Moment genießen und das war es dann auch schon. Der heutige Tag war für mich, obwohl ich nicht viel tat, sehr anstrengend. Wir hatten drei Verabschiedungen von Mitpatienten. Drei Menschen, die einem in so kurzer Zeit so unendlich doll ans Herz gewachsen sind, gehen ab jetzt ihren eigenen Weg. Ich weiß nicht warum mich gerade das so berührt, denn eigentlich ist das wieder einmal nur der Lauf der Dinge und man kann einfach nichts dagegen tun. Das was mir in den letzten Wochen auf jeden Fall klar geworden ist, ist das diese Menschen denen ich hier begegne, immer für einen da sind. Man kennt sich nicht und man weiß aber so viel von einander. Man hat sich vorher nie gesehen und versteht sich ohne reden zu müssen. Diese Leute die ich hier gefunden habe, verstehen mich und mein Krankheitsbild besser als jeder Andere. Ich möchte meinen Freundeskreis und meine

Familie damit jetzt nicht schlecht machen. Im Gegenteil, sie sind immer für mich da und unterstützen mich wo sie nur können und dafür bin ich sehr dankbar. Aber diese Leute, die hier mit mir in der Klinik sind, verstehen mich einfach besser. Diese Krankheit schweißt uns zusammen und macht uns ohne das wir es wissen, gegenseitig stark. Jetzt wo diese drei weg sind, fühlt es sich an, als wenn ein Teil von mir mit ihnen gegangen ist. Ich werde sie wahrscheinlich nie wieder sehen und sie fehlen mir jetzt schon so sehr. Sie haben mich zu Anfang aufgenommen und aufgefangen. Mich unterstützt und mir den Anfang meines Weges gezeigt. Klar muss ich allein meine Richtung finden und auch allein kämpfen, aber sie haben mir gezeigt wie all das, was ich hier mache enden kann. Und ich bin einfach so unheimlich stolz auf diese drei. Stolz darauf, das sie den Weg in die Klinik gesucht haben. Stolz darauf, das sie gekämpft und nie aufgegeben haben. Klar ist jetzt nicht gleich alles vorbei, aber sie haben es geschafft. Sie kehren nun in ein normales Leben zurück und sie haben es verdient. Was mich wundert ist, das ich alle anderen in ihrem tun und handeln immer loben kann, nur mich selbst nicht. Bin ich zu schwach? Bin ich von meinem Weg abgekommen und brauche deshalb Hilfe? Immer noch stellt sich mir die Frage danach, ob ich nicht sogar eine schlechte Mutter sei oder ob ich hiermit einfach nur nach Aufmerksamkeit ringe. Ich weiß das der Weg in die Klinik der richtige war. Doch sobald ich versuche mich selbst zu Loben, kommt auch immer Kritik an mich selbst. Ich schaffe es einfach nicht einmal so richtig positiv über mich selbst zu denken. Ich muss stark für meine Leben sein. Ich habe keine Schwächen. Ich selbst stehe nicht an erster Stelle, sondern immer all die anderen und das muss ich akzeptieren. Ich weiß das genau dieses Denken falsch ist, aber es fällt mir einfach nicht leicht anders zu denken. Ich habe mich zu dem Menschen gedrillt, der ich jetzt bin. Ein starker Mensch ohne Schwächen und mehr nicht. Ich habe echt Angst davor, das ich diese Therapie hier nur mache um meinen Akku aufzuladen, um damit wieder stark genug für diese schwere Welt zu sein. Ich möchte nicht mehr in dieses alte Muster, in dessen ich mich derzeit befand zurück fallen. Ich möchte einfach nur einen Neustart. Mein Leben aus einem anderen Blickwinkel betrachten und es leichter sehen. Meine eigene Stränge ablegen und einfach nur Leben. Ich habe also ein klares Ziel vor Augen und weiß das ich es mit meiner Disziplin auch schaffen werde. Aber wird es dann nicht auch so Enden wie immer? Wenn ich mein Ziel erreicht habe, werde ich mich dann wieder selbst fertig machen? Mich Kritisieren und zu mir sagen: das hätte noch besser laufen können? Ich weiß nicht genau wie diese Therapie hier enden wird. Ich weiß aber jedoch ganz genau, das ich nicht mehr so leben will, wie ich es bisher tat. Klar ist nicht alles schlecht gewesen, aber ich habe einfach nicht gelebt. Ich habe funktioniert, so wie man es von mir erwartete. Und letztendlich hatte auch ich diese Anforderungen an mich. Alles was ich je tat und im Moment tue ist nie gut genug. Nein, es geht immer noch besser. Ich setze meine Ziele so verdammt hoch, damit ich so viel kämpfen muss um sie zu erreichen. Und wenn ich dann gekämpft habe und es geschafft habe, bin ich nie glücklich. Nein, es geht immer noch besser. Also kommen neue Ziele mit neuen Anforderungen. Zur Zeit sitze ich in unserem Kunsttherapie Raum. Bewaffnet mit meinem Laptop und zwei weiteren Patientinnen neben mir. Sie sitzen still und ruhig ganz allein in ihrer Welt und wenn ich sie bei einer meiner schreib Pausen einmal so beobachte, fällt mir auf wie unheimlich begabt sie im Zeichnen sind. Vertiefe ich diesen Gedanken etwas weiter und schaue mir die ganzen anderen Patienten hier auf Station an, fällt mir auf das jeder hier so ist. Der eine spielt Klavier, der andere Flöte, der nächste schneidert Sachen und ein anderer beherrscht das Schlagzeug ohne Noten lesen zu können. Jeder hier hat eine Begabung. Ist es vielleicht etwas, was das Krankheitsbild mit sich bringt? Man lebt in seiner eigenen Welt und drückt es auf seine Weise aus. Ich selbst spiele auch gerne Klavier und denke mir Lieder aus, ohne Noten lesen zu können. Ich male für mein Leben gern, zwar nicht gerader sehr gut aber auch nicht schlecht. Ich schreibe binnen weniger Minuten Gedichte, ohne große Anstrengung dabei zu haben. Bin ich oder sind wir anders? Ist es einfach nur der Weg unserer Seele sich mitzuteilen, weil wir so in unseren Gedanken vertieft sind? In meinem Freundeskreis kenne ich zum Beispiel niemanden, der nur annähernd etwas davon kann. Aber von den Personen die mir nahe stehen gibt es auch niemanden, der diese Probleme hat. Das die Seele in uns sich ihren Weg sucht, habe ich ja mittlerweile oft genug zu spüren bekommen. Da ich in den letzten Jahren weder gemalt, oder Musik gespielt habe oder mich kaum Sportlich betätigt habe, suchte sie sich den Körperlichen Weg. Und dieser war nicht gerade leicht. Ständig irgendwelche Schmerzen. Gewichtsverlust, Schwindelgefühle, Bauchschmerzen, ständige Müdigkeit,Stimmungsschwankungen und ständigen Unruhe. Es war alles da und ich habe es nicht bemerkt. Ich habe es erst war genommen, als mein Körper an all dem zusammenbrach. Und erst jetzt wird mir allmählich immer klarer, das meine Seele das wichtigste in meinem Leben ist. Ich muss lernen ihr zu folgen und ich muss lernen ihre Signale zu erkennen. Seit dem ich hier in der Klinik angekommen bin, habe ich nicht mal annähernd nur einen von all den Symptomen. Es ist von heute auf morgen alles verschwunden. Nur die depressiven Gedanken sind weiterhin da und begleiten mich. Aber ich bin Körperlich, soweit wieder völlig gesund und das erleichtert mir vieles. Das einzige was sich im Moment noch bemerkbar macht ist meine ständig wiederkehrende Müdigkeit. Ich sprach dieses bereits bei meiner Psychotherapeutin an und sie meinte ich solle es auskosten. Schlafen gehen wenn mir gerade danach ist, denn nach dieser Ruhe habe ich ja lang genug geschrien. Meine Seele und mein Körper sind einfach immer noch am Ende ihrer Kräfte. Nur ganz langsam und Stück für Stück füllt sich meine Leben wieder mit Energie. Ich muss die Sachen langsamer als gewöhnlich angehen. Ich muss mir die Zeit geben und nicht immer alles gleich mit Vollgas machen. Nur dann, hat meine Seele Zeit sich wieder zu erholen. Die ersten drei Wochen sind mittlerweile schon vergangen. Die Zeit rennt unaufhörlich an einem vorbei und ich habe auch schon einige Schritte in die richtige Richtung gemacht. Die Analysephase meiner Probleme ist vorbei und ab nächster Woche wird gezielt therapiert. Es kommt noch ein hartes Stück Arbeit auf mich zu und es werden zudem noch etliche Tiefpunkte auf mich lauern. Ich weiß aber jedoch, das dies der richtige Weg ist. Ich habe den Anfang schon hinter mir und es geht mir, im Vergleich zu einem Monat vorher, viel besser. Ich habe endlich Zeit mich um mich selbst zu kümmern. Ich habe endlich die Hilfe, die ich haben wollte. Die ersten Schritte sind bereits gegangen und es gibt kein Zurück. Selbst wenn es das gäbe, würde ich nichts ändern wollen. Ich glaube ich würde selbst an dem Verlauf meiner Depression nichts ändern wollen, denn das prägt mich. Ich sammle Erfahrungen die mir niemand geben kann. Ich lerne auf meine inneres Ich zu hören und anders würde ich es vielleicht gar nicht bemerken. Diese Krankheit hat auch seine guten Seiten, denn ich weiß mein Leben jetzt besser zu schätzen. Und mit diesem bereits geschriebenen Satz, bildet sich in meinem Gesicht sogar ein kleines Lächeln. Es hält zwar nicht lange an, aber es war da. Ein positiver Gedanke unterstrichen mit einem Lächeln. Ich habe den richtigen Weg gewählt und das wird mir gerade klar. Ich hätte nichts besser oder anders machen wollen oder gar sollen. Alles ist, wie es ist und nur die Zukunft liegt noch in meiner Hand. Ich weiß wohin ich will. Ich weiß das, ich wieder Lachen will und Dinge auch mal nicht so engstirnig sehen will. Ich möchte für mein Kind und mein Mann da sein. Ich möchte nichts in meinem Leben mehr als Last ansehen müssen. Nein, Gott hat mir dieses Leben geschenkt und ich nehme es an. Er hat mir auch diese Herausforderung geschenkt und das nicht um mir böses zu tun, sondern um mir die Augen zu öffnen. Meine Gedanken werden von Tag zu Tag klarer und meine Augen öffnen sich immer weiter, um die Dinge anders zu sehen. Es ist ein schönes Gefühl, wenn man kleine Erfolgserlebnisse hat. Es ist sogar so ein schönes Gefühl, das ich es kaum beschreiben kann, da ich so etwas schon sehr lang nicht mehr hatte. Ich, mein Leben, meine Schritte und mein Weg sind gut so wie sie sind. Ich würde nichts ändern. Ich bin dabei es zu schaffen und dessen werde ich mir gerade jetzt bewusst. Ich sehe endlich eine Zukunft in meinem Leben und die harten Zeiten die ich während meiner Therapie noch vor mir habe, werde ich bewältigen. Blick nach vorn, Schultern gerade und ohne einen Schritt zurück, geht es jetzt Vorwärts.

Die Analysephase meiner Therapie ist nun zu Ende und jetzt steht mir die Bearbeitung meiner Gedanken bevor. Aus Einzeltherapien, werden jetzt Gruppentherapien. Es kam mir komisch vor, sich anderen Leuten gegenüber zu öffnen und ich bekam es auch nicht hin. Anderen Leuten Ratschläge geben und Ihnen zur Seite stehen kann ich nach wie vor gut, aber meine eigenen Gedanken preis zu geben fällt mir immer noch sehr schwer. Es ist eine Übungssache und nur wenn ich anfange endlich über mich zu sprechen, kann ich es auch verarbeiten. Aber muss ich denn alles erzählen? Ich möchte so gerne dieses Geburtstrauma von meiner Seele schaffen, aber können mir dabei die anderen Patienten helfen? Ich weiß das ich an dem Thema zusammenbrechen werde. Mir steht also noch ein großer Absturz bevor, aber nur so lerne ich das Aufstehen wieder. Ich hoffe, dass es mich dann endlich in Ruhe lässt und ich mit klaren Gedanken weiter leben kann. Eines ist mir dank den anderen Patienten hier aber bereits klar geworden. Es fällt mir ziemlich schwer einen Mittelweg zu finden. Für mich gibt es entweder ganz oder gar nicht. Entweder Vollgas oder die Einsamkeit nach der ich mich sehne. Aber warum muss das denn so sein? Einen ganz einfachen Mittelweg zwischen den Dingen würde mir sicherlich sehr gut tun. Zudem weiß ich mittlerweile auch dass ich gar nicht diese 100 prozentige. Person bin, die ich immer sein wollte. Mir ist aufgefallen, das ich eigentlich doch eher der ruhige Typ bin, der sich lieber im Hintergrund hält. Ich sehne mich so sehr nach Ruhe, weil ich eben auch eher ruhig bin.

Das ganze aufgekratzte an mir, mache ich nur um damit meine Körpergröße zu beeinflussen. Ich selbst bin nur 1,48cm groß und meine Mama hat mir immer beigebracht. das ich stark und groß bin ohne dabei Körperlich groß sein zu müssen. Also war ich schon immer etwas auffälliger. Irgendwie musste ich mich ja bemerkbar machen. So dachte ich zumindest bis vor ein paar Tagen. Was ist wenn ich doch nicht so groß bin, wie ich es gern zeige? Ich bin klein, ich brauche auch mal ein wenig Aufmerksamkeit und das ohne das ich mich bemerkbar machen muss. Ich wünsche mir, das die Leute mich sehen, ohne über mich hinweg zusehen. Ich kleide mich auffällig, ich habe meine Haare auffällig und ich falle sehr durch meine Offenheit auf. Doch eigentlich mache ich das ganze nur, um von meiner Körpergröße abzulenken. Wenn ich mir das ganze noch genauer durch den Kopf gehen lasse, möchte ich doch eher auch mal klein sein dürfen. Nichts sagen müssen und doch gesehen werden. Nicht auffällig sein und doch anerkannt werden. Einfach einmal ruhig sein und dennoch wahr genommen werden. Es ist noch ein weiter Weg, aber diese Erkenntnis hat mich schon weiter gebracht und ich werde ab jetzt versuchen meine Bedürfnisse wahr zu nehmen, denn nur dann kann ich mich auch einmal zurückziehen und meiner Seele die Ruhe geben die sie braucht. Denn jetzt, wo ich erkannt habe das ich eher der ruhige Typ bin, wird es doch sicherlich leichter sein, diese Ruhe zu finden oder?

Halbzeit :

Sechs Wochen bin ich mittlerweile von zu Hause weg. Sechs Wochen Therapie und schon einige Erkenntnisse reicher. Zehn Wochen sind im Schnitt für den Therapieverlauf veranschlagt, ich selbst habe aber heute darum gebeten das ich auf zwölf Wochen Therapie verlängert werde. Wenn ich mir vorstelle, das dass ganze hier schon wieder in bereits vier Wochen endet, bekomme ich Angst. Angst davor keine Hilfe mehr zu haben, Angst davor wieder allein mit all dem da zu stehen, obwohl ich schon einiges dazu gelernt habe. Ich hoffe so sehr, das die Therapeuten mir die Möglichkeit der Verlängerung einräumen, denn ich möchte hier noch nicht weg. Wir haben vor kurzem mit der Trauma Therapie angefangen und es ist genauso hart, wie erwartet. Wir gehen schon den sanften Weg der Therapie Methode. Meine Seele wird erst weitestgehend stabil gemacht, um dann das Trauma verarbeiten zu können. Ich bekomme kleine Aufgaben in denen ich lernen soll, meine Gedanken auszutricksen, um somit aus dem Trauma immer wieder heraus finden zu können. Es sind eigentlich leichte Übungen. Eiswürfel in die Hände nehmen, um somit die Realität zu fühlen. Von Hundert in ungeraden Schritten rückwärts Zählen, um mich abzulenken. Farben in der Umgebung Wahrnehmen und beschreiben. Es sind alles Aufgaben, die mich in die Zeit bringen sollen, in der ich mich jetzt befinde und nicht in der von vor zwei Jahren. Doch eines wurde mir heute deutlich gemacht und genau davor hatte ich die meiste Angst. Ich werde all das, was geschehen ist nie vergessen. Ich werde lernen damit umzugehen und es zu akzeptieren. Ich werde es nie vergessen und muss mir dessen bewusst werden. Wie lebt man denn, wenn man alle ein bis zwei Tage wieder an dieses Trauma erinnert wird? Wie sieht die Zukunft aus, wenn ich ständig an den Tod zurück denken muss. Ich, meine Seele und mein Körper wurden zerstört und das ist für mich Fakt. Ich kann nichts ändern, an dem was einmal war und die Zukunft sehe ich bis jetzt immer noch nicht. Und dabei will ich doch endlich nur wieder leben! Ich möchte die Vergangenheit vergessen und am liebsten sogar auslöschen und nicht den Rest meines Lebens an sie erinnert werden. Wer zeigt mir wie ich leben soll, wenn ich selbst nicht mehr weiß wie es geht? Der Gedanke daran, das dieses Trauma immer bei mir sein wird lässt mich einfach nicht los. Ich möchte keine Schmerzen mehr haben, ich möchte den Tod nicht mehr sehen, ich will das alles auslöschen und einfach nur leben. Die ganze Beziehung zu meinem Kind ist kaputt und das auch nur, weil damals alles schief gegangen ist.

Während ich all diese Erkenntnisse aufgeschrieben hab und für mich Revue passieren ließ, bin ich in einen Fluss von Tränen geraten. Ich musste das Schreiben beenden um wieder Ruhe zu finden. Die Realität, was meine Zukunft angeht hat mich so überrollt, das ich kaum noch normal denken konnte. Ich musste mir Hilfe von einem Pfleger holen, der mich daran erinnerte, das ich meinen Realitätsübungen genau jetzt einsetzen müsste. Ich besorgte mir also ein Kühlpack, machte mir einen Cappuccino, schnappte mir ein Buch und ging raus auf den Balkon. Kühlpack in den Nacken, Zigarette an und lesen. Es dauerte eine Weile, aber ich kam so langsam wider zu mir. Ich habe mich in die Realität zurück geholt. Ob ich das auch schaffe, wenn ich allein bin? Fallen mir dann all diese kleinen Tricks wieder ein, die ich hier erlernt habe? Fallen sie mir auch genau dann ein, wenn ich sie brauche? Ich habe an diesem Abend so in meinem Trauma verharrt, das ich gar nichts anderes mehr gesehen habe. Ich weiß also jetzt, das es durchaus sein kann, das ich mich in diesen Gedanken verlieren kann. Auch das mich das alles jeder Zeit wieder einholen kann. Aber ich weiß auch, das ich einen Weg habe dort wieder raus zu kommen und das ist immerhin ein Anfang.

Meine Verlängerung wurde angenommen und umgesetzt. Zwölf Wochen Therapiezeit insgesamt und mittlerweile bin ich schon seit neun Wochen hier. Es geht mir besser. Ich blicke in der letzten Zeit mehr nach vorne als noch vor ein paar Wochen oder gar Tagen. Ich habe erkannt das dieses Geburtserlebnis mich nicht kaputt macht. Es wird zwar immer da bleiben, aber nicht als Feind sondern als Begleiter für meine Zukunft. Mal ist es eben präsenter und mal nicht. Ich glaube sogar erkannt zu haben, das dieses Erlebnis nicht der Hauptgrund ist, weshalb ich hier bin, sondern das es nur ein Auslöser verschiedener Probleme war. Mein Körper und meine Seele haben mich damit eigentlich nur wach gemacht, um mir zu helfen. Ich bin Ab und An eher der schwache Mensch. Ich hätte gerne mehr Unterstützung in manchen Dingen. Ich fühle mich manchmal nicht sehr groß und möchte nur in den Arm genommen werden. Ich habe Angst meine Freiheit zu verlieren, weil ich Verheiratet und eine Mutter bin. Mir ist klar geworden, das ich viel an mir selbst Arbeiten muss. Ich muss meine Sichtweisen ändern. Den Perfektionismus abschalten und auch mal locker lassen. Ich bin kein schlechter Mensch und ich habe auch alles, was in den letzten zwei Jahren passierte gut gemacht. Die Hilfe die ich mir so sehr von meinen Eltern und meinem Mann gewünscht habe, war unmöglich zu Verlangen. Sie konnten gar nicht sehen, wie dringen ich sie gebraucht habe, da ich nach Außen hin ja immer die Starke Kämpferin war. Ich habe immer alles allein geschafft und gemeistert. Das war ganz normal. Für mich und auch für all die Anderen. Ich arbeite bereits an mir. Meine Erkenntnis über die Entbindung und über mich selbst, haben mich schon sehr weit gebracht. Ich muss nur noch lernen, das ich mich etwas ändere und auch anders bin. Am kommenden Wochenende findet bei meinen Eltern zu Haus ein Eltern Gespräch statt, was ich mir vor genommen habe. Ich möchte mit Ihnen über die letzten zwei Jahre sprechen, ohne ihnen irgendetwas vor zu werfen. Ich möchte Ihnen Erklären, wie es mir ging und wie es Zukünftig weiter gehen soll. Ich weiß das meine Eltern alles tun würden, um mir eine Hilfe zu sein. Ich weiß auch, das sie für mich da sind aber ich habe trotzdem Angst. Angst davor nicht ernst genommen zu werden und Angst davor das sich im Nachhinein nichts ändern wird. Ich weiß, das sie mir nur helfen können, wenn ich ihnen auch zeige wann ich Hilfe brauche. Und ich bin davon überzeugt, das meine Eltern und ich einen gemeinsamen Weg finden werden. Auch mit meinem Mann habe ich schon viele Gespräche hinter mir und ich bin sehr erstaunt, das er so für mich da ist und mit mir gemeinsam kämpft. Ich wusste, das dass alles nicht einfach sein wird. Zwölf Wochen in denen mein Mann und ich weitestgehend von einander getrennt sind. Er wurde von mir einfach ins kalte Wasser geschmissen, was den Haushalt und all das Organisatorische angeht. Doch er hat es geschafft und hat immer noch die Kraft um für seine Frau da zu sein. Ich bin froh das es ihn gibt. Sogar der Blickwinkel zu meinem Sohn, hat sich schon ein wenig verändert. Ich freue mich wenn er am Telefon mit mir spricht. Ich lache Herzlich und ehrlich darüber, wenn ich erfahre das er Blödsinn gemacht hat. Ich vermisse Ihn sogar und freue mich auf die Zeit, wo ich ihn wieder öfter um mich habe. Ich habe große Angst davor wieder in mein altes Muster zurück zu fallen. Depressiv sein, Dinge nur aus Zwang heraus erledigen. Mich zu Hause zu verkriechen oder sonstiges. Ich bin immer noch ein wenig zerbrechlich und muss lernen, mit meinen wenigen Kräften die ich habe, ordentlich umzugehen.

Meine Körperliche Symptomatik hat sich seit fast zwei Wochen wieder deutlich verschlechtert. Was ich aber weiß ist, das dass alles nicht zurück kommt, weil es mir schlecht geht, sondern weil ich mit mir Arbeite. Ich werde wohl leider noch länger mit kleinen Krankheitsproblemen Kämpfen müssen, aber das sind eigentlich nur Signale meines Körpers um mich etwas zu bremsen. Ich muss lernen sie zu deuten und mit ihnen zu leben und umzugehen, denn auch das werden wohl ab und zu mal meinen kleinen Begleiter sein. Da ich jetzt weiß das mein Körper sehr schnell auf Psychischen Druck reagiert, fällt es mir leichter mit diesen Problemen umzugehen. Ich werde da drüber Stehen, meinen Körper aber dennoch Ernst nehmen. Da muss ich sogar einmal etwas Lächeln, denn ich weiß es wird nicht leicht sein mich zu Bremsen. Es tut wirklich verdammt gut, das ich den Schritt in die Klinik gegangen bin. Mein Blick auf vieles in meinem Leben hat sich geändert. Ich habe die Hilfe bekommen, die ich brauchte auch wenn es nicht immer einfach war. Ich bin zwar nicht geheilt, wenn ich diese Klinik wieder verlasse das weiß ich, aber ich habe genug Hilfestellungen bekommen um Zukünftig alles etwas Anders machen zu können. Ich fühle mich an so vielen Tagen mittlerweile wieder so viel besser, es ist Unbeschreiblich.

Klar ist meine Zukunft noch davon geprägt, das ich weiterhin an mir Arbeiten muss, aber das werde ich ganz sicher schaffen und dessen bin ich mir bewusst.

Ich bin nun mittlerweile seit ganzen elf Wochen in der Klinik, mein Abschied naht und daran führt auch kein Weg vorbei. Die letzte Woche hat begonnen und ich merke das ich noch viel zu tun habe oder das jetzt noch viel vor mir liegt. Ich hatte vor einigen Tagen ein Eltern und ein Paar Gespräch mit meinem Mann. Ich habe mich so sehr auf die Möglichkeit gefreut, meinen Eltern und auch meinem Mann einmal genau sagen zu können, was mit mir ist und wo meine Ängste liegen. Das diese Gespräche folgen, wusste ich schon von Therapiebeginn an, denn es war mein Wunsch. Ich hatte keine Angst davor. Nein, ich war froh das ich endlich Reden kann.

Doch je näher diese Tage kamen, desto verwirrter war ich auf einmal. Noch zu Beginn meiner Therapie gab es so unendlich viel, was ich ihnen sagen wollte. So vieles, was ich traurig fand und so vieles was mir auf dem Herzen lag. Die letzten zwei Jahre taten einfach so weh, das ich sie mitteilen wollte, wie ich mich gefühlt habe. Doch als die Gespräche dann kamen, wusste ich gar nichts mehr. Ich hatte keine Gründe auf dehnen ich sie hätte Hinweisen wollen. Nein, ganz im Gegenteil. Ich war stolz. Auf meine Eltern und auf meinen Mann. Stolz darauf, das sie in der letzten Zeit für mich da waren. Stolz darauf, das sie mir viele Verhaltensmuster, die ich hatte, nie nachgetragen haben. Und mir wurde bewusst, das mir keiner helfen konnte, denn ich habe nie gezeigt das ich Hilfe brauchte. Sie waren da, wie immer. Und heute, nach den Gesprächen, sind sie es mehr denn je.
Sie nehmen mich ernst. Sie fragen mich wie es mir geht. Ich werde in den Arm genommen und sie unterstützen mich so gut sie können. Ich hätte all die Zeit nie geschafft, wenn sie nicht da gewesen wären. Und ich bin froh darüber, das ich sie habe.

Der Tag des Abschieds rückt immer Näher und ich werde auch immer trauriger. Der Aufenthalt hier hat mir sehr viel gegeben. Und ich habe sehr viel gelernt. Ich habe die Hilfe bekommen, die ich mir erhofft hatte und nun liegt es an mir, meine Zukunft zu verbessern und zu Ändern. Ich kann es noch gar nicht so recht glauben, das ich bald wieder ganz allein zu Hause sitze. Keine WG mehr … Niemand mehr da, der einen so versteht, wie all die Patienten hier. Ich habe Angst, aber ich weiß das die Zeit der Heimreise reif ist.Ich habe Angst vor all dem was kommt. Ich habe Angst davor, das mich so vieles wieder einholen könnte. Ich muss das alles allein schaffen und dessen bin ich mir bewusst aber ich weiß wie verdammt schwer das sein kann. Ich möchte nicht mehr in diese Depressive Phase zurück fallen, die ich noch im Januar hatte. Ich habe es geschafft aus ihr heraus zu kommen und meinen Weg zu gehen. Ich möchte einfach nicht, das mich all das wieder einholt, denn ich habe noch nicht die Kraft um wieder dagegen anzukämpfen.

Ich habe vieles hier gelernt und werde auch alles erdenklich umsetzen. Ich habe mir vorgenommen endlich wieder mein Leben zu leben. Ich möchte mich nicht mehr unterkriegen lassen, denn dafür habe ich zu viel Hinter mir und noch genug Vor mir.

Wieder zurück:

Seit zwei Tagen bin ich nun wieder zu Haus. Es ist komisch, wenn man keine Termine mehr hat. Es ist Niemand mehr zum reden da, ich bin wieder allein mit meinem Sohnemann zu Hause. Mein Mann ist wie immer auf Arbeit. Ich hatte Angst vor den ersten Tagen, aber ich muss sagen es war bis jetzt leichter als gedacht. Ich habe den Tag nicht geplant oder durchorganisiert. Ich habe einfach alles auf mich zu kommen lassen. Es war schön. Es waren ein Tage, die ich lange nicht mehr hatte. Mein Sohn und ich waren draußen. Wir waren zusammen Einkaufen und bei Freunden. Ich fand nichts an diesem Tagen in irgendeiner Hinsicht anstrengend. Die Therapie hat also mehr als nur funktioniert. Ich habe den Ersten Tag mit meinem Sohn genossen und das von ganzen Herzen. Es kamen keine schlechten Erinnerungen und ich werde darum kämpfen, das ich noch mehr solch guter Tage haben werde. Zusammen mit meinem Sohn und meinem Mann. Denn das ist jetzt meine Zukunft. Ich bin so froh darüber, das ich die Möglichkeit dieser Therapie bekam. Sie hat mein Leben gerettet. Ich denke nicht mehr so wie ich es noch vor Wochen tat. Ich lache wieder und genieße den Tag. Ich habe zwar ab und zu Angst, aber das soll und wird mich nicht daran Hindern wieder ein schönes Leben zu führen. All die Gespräche, die ich hatte, jede Therapie Stunde und jedes Patienten Gespräch wird mir immer in guter Erinnerung bleiben. Ich habe eine Traumatische Belastungsstörung, aber ich werde damit Leben. Diese Krankheit oder diese Erinnerung wird zukünftig mein Begleiter sein und ich werde ihn mitnehmen. Er wird mir helfen, er wird mich stark und schwach sein lassen. All das wird mich sicherlich traurig machen, aber ich werde mit ihm, mit dieser Erinnerung leben. Es wird ein schönes Leben mit meinem Sohn und mit meinem Mann. Ein Leben mit meiner Familie und dessen bin ich mir bewusst. Daran glaube ich jetzt.

Es gab ein Punkt
in meinem Leben,
an dem ich dachte
Aufzugeben.

Ein Punkt an dem
nach vorne Gehen,
viel schwerer war,
als umzudrehen.

Es gab für mich
nichts mehr vom Glück.
All das, was blieb,
war der Blick zurück.

Was hätte ich nur
dafür gegeben,
um die Zeit zu drehen
und wie früher zu Leben.

Gib mir eine Chance,
um von Vorne zu Beginnen.
Nur eine Chance,
um zu Begreifen

DAS LEBEN HAT SINN

Es ist nun mittlerweile ein halbes Jahr vergangen, in dem ich zu Hause bin. Ein halbes Jahr nach der Klinik und das Ende des ersten Jahres der Depression. Es ist wieder einmal Winter, wie noch zu Beginn des Buches, es ist Dezember 2010. Die Monate nach der Klinik, vergingen wie im Flug. Es gab schlechte Zeiten und auch einige Gute. Ich habe einen neuen Psychotherapeuten und mein Sohn ist lange nicht mehr so oft bei seiner Tagesmama, wie noch vor einem Jahres. Ja ich muss sagen die Klinik hat mir sehr, sehr viel gebracht. Natürlich werde ich all die Zeit nie vergessen und ich werde auch weiterhin kämpfen müssen, denn das was ich erlebt habe wird für immer und ewig ein Teil meines Lebens sein. Ich bin krank geworden, ich bin daran zerbrochen und im Moment bin ich dabei wieder Aufzustehen. Die Wochen nach der Klinik waren sehr hart. Ich hatte keine Unterstützung mehr. Niemandem zum Reden und schon gar keine, der all das, was mit mir war verstanden hat. Selbst jetzt gibt es noch Leute, die an meine Krankheit nicht Glauben und sie schon gar nicht Ernst nehmen. Jeden Tag hoffe ich, das ich all das was war, vergessen werde aber das passiert nicht. Es ist ein Teil meines Lebens und ich Hoffe, das es mich in Zukunft nicht schwächer sonder stärker macht. Was sich in der gesamten Zeit gravierend geändert hat, ist die Beziehung zu meinem Sohn. Ich verbringe weitaus mehr Zeit mit ihm als noch zu Beginn des Jahres oder die Zeit nach seiner Geburt. Er stört mich nicht, ganz im Gegenteil. Ich vermisse ihn sogar, wenn er nicht da ist. Ich kann sogar sagen das ich ihn von ganzen Herzen liebe und niemals her geben würde. Genau das ist dass, was ich immer zu ihm sagen wollte. Es ist mein Kind, mein Wunschkind und ich wollte immer eine super tolle Mutter sein. Ich

Arbeite hart an dem Verhältnis zwischen meinem kleinen Jungen und mir, ich habe uns eine Unterstützung geholt. Doch eines hängt mir immer noch sehr nach. Ich weiß nicht, ob sich dieser Gedanke je ändern wird oder ob er verschwindet. Vielleicht muss ich auch ewig mit ihm leben und vielleicht lache ich auch irgendwann darüber aber im Augenblick ist es etwas, was mich oft in ein tiefes Loch wirft. Ich habe fast drei Jahre meines Lebens verloren. Ich will keine Kinder mehr bekommen und ich will nur noch Vergessen was war. Keine Geburten mehr, keine Krankenhäuser mehr, keine Ärzte mehr. Mein Vertrauen ist verloren. Ich habe meinem Sohn den Beginn seines Lebens genommen und das kann mir niemals Jemand zurück geben. Ob sich mein Sohn an diese Zeit erinnert sei dahingestellt, aber ich weiß ganz genau was ich alles getan habe und was ich eben auch nicht tat. Ich kann immer noch keine glücklichen Mamas sehen, denn es Erinnert mich immer an meine Schicksal. Es tauchen immer noch Bilder von diesem Geburtsablauf auf, die einfach weg bleiben könnten, aber damit werde ich wohl Leben müssen. Wie?? Das weiß ich noch nicht, aber ich weiß das ich jetzt seit fast drei Jahren kämpfe. Diese Krankheit hat einen Namen und ich weiß was ich tun muss. Diese Tiefpunkte wird es immer geben, meine Medikamente werden mich auch noch eine gewisse Zeit lang begleiten, aber ich kann stolz darauf sein das ich es geschafft habe. Ja ich weiß sogar wieder wie man lacht und ich weiß auch wann ich einmal einen glücklichen Tag hatte. Und was ich mir nie erträumt hätte ist, das diese glücklichen Tage so langsam wieder öfter da sind als ich mir je hätte erträumen lassen. Ich glaube sogar manchmal, das mein Leben langsam zu mir zurück kommt. Was allerdings meine Tiefpunkte angeht, ist das ein reiner Lernfaktor. Ich werde es schaffen mit ihnen zu Leben und auch damit umzugehen. Ich habe schließlich auch schon anderes in den letzten Monaten geschafft.

Es ist viel Zeit vergangen. Es ist mittlerweile März 2011. Vor genau einem Jahr war ich im Klinikum um gegen meine Krankheit zu Kämpfen. Es war ein Jahr mit Höhen und Tiefen. Mehr Tiefpunkte, als ich es mir jemals hätte vorstellen können. Es fing mit Krankheiten jeglicher Art an, anschließend folgten Nervenzusammenbrüche und sogar Suizid Gedanken und trotz dessen, Lebe ich noch. Gesund? Nein ganz gesund bin ich immer noch nicht. Aber es geht mir besser, viel besser als noch vor 12 Monaten. Meine Posttraumatische Belastungsstörung ist allmählich in den Hintergrund gerutscht. Sämtliche Trigger Bilder (Sinneseindrücke die Erinnerungen wecken) sind zum großen Teil verschwunden, ich kann wieder durch die Stadt gehen, ohne mir die Tränen verkneifen zu müssen wenn ich junge Mamas sehe. Schmerzlich wird es immer nur dann, wenn man mich direkt auf dieses Thema anspricht. Ich habe immer das Gefühl, das ich mich gegenüber Anderen über meine Krankheit und das Verhältnis zu meinem Sohn rechtfertigen muss. Ich habe das Gefühl, das mich Andere für eine schlechte Mutter halten, wenn Sie nicht verstehen was mit mir gewesen ist. Ich möchte es immer allen Anderen recht machen, weil ich nicht möchte das man schlecht über mich denkt. Dabei könnte es mir doch völlig egal sein, was sie von mir halten. Ich weiß was ich geleistet habe und ich weiß wie sehr das Verhältnis zwischen mir und meinem Sohn gewachsen ist seit dem ich an meinem Leben arbeite. Auch meine Ehe war stark genug, das alles auszuhalten. Warum sollte ich bei all dem, was meine Familie und ich gemeinsam geschafft haben, also noch Wert auf die Meinung Anderer legen? Ich weiß das ich kein schlechter Mensch bin und ich würde niemandem das wünschen, was ich oder was mein Mann und mein Sohn mit mir durchgemacht haben.

Es hat sich seit dem Klinik Aufenthalt vieles geändert. Die Doppelhaushälfte von der ich immer träumte besitze ich jetzt. Ich denke das auch der Umzug in ein kleines Eigenheim viel zu meiner Gesundheit beigetragen hat. Ich habe hier meine Ruhe. Habe einen Garten, liebevolle Nachbarn, eine sehr ruhige Umgebung und ich kann machen wonach mir gerade ist. Ich habe also gelernt auch einmal abzuschalten. Ich habe den Kontakt zu all meinen Freunden eingeschränkt. Ich vermisse zwar ab und zu die Zeit in der wir unbeschwert zusammen saßen und gemeinsam auf Party waren, aber als ich sie brauchte, waren sie nicht da. Ich war allein, mit all dem was war. Es tat sehr weh als mir Bewusst wurde, das jeder immer erst einmal an sich selbst denkt und erst dann kommt vielleicht mal irgendjemand anders aber genauso mache ich es jetzt auch. Ich stelle mich selbst in den Vordergrund und das ist wichtig.

Ich habe heute noch regelmäßig Kontakt zu einigen damaligen Mitpatienten. Sie bauen mich immer auf wenn es mir nicht gut geht, sie helfen wo sie können und es tut mir echt gut zu wissen das es noch Jemanden gibt der auch mal an mich denkt. Aber nicht nur meine ehemaligen Mitpatienten, sonder vor allem auch meine Eltern sind immer für mich da. Sie helfen mir wo sie nur können. Bringen mich zum Lachen und bauen mich immer wieder auf. Sie haben sich große Mühe gegeben diese Krankheit zu verstehen und können diese mittlerweile sehr gut einschätzen Wie es mir geht oder was ich brauche ohne das ich es ihnen sagen muss. Meine Eltern sind mehr für mich da denn je und dafür danke ich ihnen sehr. Mein Man gab sich ebenfalls verdammt viel Mühe, doch man merkte schon das ihn all das sehr belastete. Er kämpfte mit mir, egal wie schwer es war.

Zur Zeit befinde ich mich jedoch wieder in einem Loch. All diese Gedanken, die die Depression mit sich bringt, sind auch sicherlich der Auslöser dafür, das ich mir alles von der Seele schreiben muss. Ich habe das Gefühl, das mein ganzes Leben an mir vorbei zieht. Mich verfolgen viel Gedanken über den Tod, der von Tag zu Tag näher kommt und darüber, das ich vielleicht nie wieder so leben werde ich es vor Jahren konnte. Natürlich bin ich immer noch in Therapie und sie hilft mir sehr, aber letztendlich sitze ich mit meinen Gedanken und Ängsten allein da und niemand kann mir diese Last abnehmen. Gibt es eine Leben nach der Depression? Kann ich darauf hoffen das alles wieder so wird wie es einmal war? Oder habe ich im Alter von 26 Jahren mein Leben verloren? Ich nehme keinen Tag mehr so richtig wahr. Klar komme ich mittlerweile wieder öfter raus. Mein Kind ist bereits im Kindergarten, was dazu beiträgt das ich jeden Morgen früh Aufstehe und somit geregelte Zeiten habe. Ich bin auch wieder Arbeiten. Vier mal die Woche gehe ich in einem Geschäft eines Bekannten Putzen und das Gute ist, das er weiß wie es mir geht und viel Verständnis hat, wenn ich einmal keine Kraft habe um zur Arbeit zu kommen. Es ist also viel passiert aber dafür kommen unendlich viele Gedanken zurück. Wie schaffe ich es nur einen Tag ganz unbeschwert leben zu können?

Ich stehe Morgens auf, mache meinen kleinen Sohnemann wach. Wir gehen ins Bad und machen uns schick. Anschließend frühstücken wir gemeinsam, dann geht er in den Kindergarten und ich werde zur Arbeit abgeholt. Es ist super schöne mit meinen Kollegen die Zeit zu verbringen. Dann kommt meine mittlerweile beste und liebste Freundin, holt mich ab und wir gehen gemeinsam Bummeln oder fahren ins Fitnessstudio. Anschließend gehen wir meistens Kaffee trinken. Mein Sohn kommt aus dem Kindergarten zurück, wir Essen zu Abend und dann geht er ins Bett und ich sehe fern. Es sind wunderschöne Tage, aber jeden Abend wird mir klar das dass Leben mit jedem gelebten Tag, ein Tag eher vorbei ist. Verpasse ich etwas? Lebe ich nicht richtig? Kann ich je wieder genießen oder einfach nur positiv denken? Werde ich je vergessen? Irgendwie habe ich das Gefühl, das sich mein Leben von allein lebt. Ich selbst bin nur selten anwesend. Alles scheint an mir vorbei zu ziehen. Wenn ich Lache bin ich trotzdem nicht richtig glücklich, wenn ich nachdenke gibt es kein Ergebnis, wenn ich schlafe bin ich trotzdem nicht ausgeruht. Alles was ich mir merken möchte, vergesse ich wieder ganz schnell. Ich spreche mir meine Sorgen von der Seele und bin trotzdem nicht erleichtert. Ich habe viel gekämpft und empfinde trotzdem keinen Stolz. Ich bin traurig und allein, das ist das was ich weiß und ich habe Angst davor das es immer so bleiben wird.

Januar 2013

Mein Buch lag wie man sehen kann eine ganze Weile auf Eis. Es ist so viel Passiert und doch so vieles nicht. Ich habe versucht mein Leben zu leben, habe versucht gelerntes endlich umzusetzen. Mal hat es geklappt und mal nicht. Einen Schritt nach Vorn und zwei Zurück. Ich habe verdammt viele Dinge in meinem Leben geändert, habe versucht meinem Herzen und Wünschen zu folgen und vor allem versucht neu Anzufangen. Meine lang ersehnte Doppelhaushälfte gibt es nicht mehr. Meine Ehe, nach der ich so lange strebte, hat ein Ende gefunden. Ich bin einige Dörfer weiter gezogen und habe meinen Freundeskreis hinter mir gelassen. Warum all das? Es ist nicht leicht mit einer Depression zu Leben und schon gar nicht mit einem Partner (mir) zu leben der eine hat. Es gibt immer zwei Seiten die man sich genauer anschauen sollte. Durch die Krankheit belastete ich meinen Ex-Mann und egal was wir versuchten, die Belastung viel auf mich zurück. Ich beschloss also ganz neu anzufangen und schnappte mir meinen Sohnemann und zog weg. Die Entscheidung zu diesem Schritt, war alles andere als leicht aber im Nachhinein betrachtet, war es das Beste was ich jemals hätte tun können. Mein Sohn und ich waren von nun an auf uns allein gestellt. Was aber immer zwischen uns stand, waren meine Gefühle und Gedanken Ihm gegenüber. Ein Kind was von seiner Mama im Stich gelassen wurde. Ein Kind, was mehr bei seiner Tagesmama war, als in den Armen der eigenen Mutter. Ein Kind, was seine Mama über alles liebt und dessen Mutter es nicht ganz erwidern kann. Natürlich Liebe ich meinen Sohn und ich würde Ihn gegen nichts auf der Welt rückgängig machen wollen, aber ich weiß das ich Ihn im Stich gelassen hab und diese Schuldgefühle stehen immer zwischen uns.

Trotzdem haben wir es geschafft uns ein neues Leben aufzubauen. Er besuchte einen neuen Kindergarten, ich habe neue Freunde gefunden und das Zwischenmenschliche Verhältnis zwischen mir und meinem Ex-Mann war auf einen guten Level, um Miteinander auszukommen. Die Tage, Wochen und Monate verstrichen wieder einmal. Es gab viele Nächte in denen ich mit Albträumen, Tränen und einem inneren Schreien aufwachte. Viele Tage, an denen ich mich in mein Bett verkroch und weinte, während mein Sohn im Kindergarten war. Fast täglich fragte ich mich warum mein Leben so lief wie es lief….
Aber ich habe versucht Stark zu sein und nicht Aufzugeben. Ich habe versucht zu Leben und wieder aufzustehen, doch es war nie leicht. Denn vieles blieb einfach wie immer, man macht alles allein. Jedes mal wenn man fällt, fällt man allein. Jedes mal wenn man zerbricht, zerbricht man allein. Wenn man auf dem Boden liegt und eine Helfende Hand braucht, ist keine da. Wenn man eine innige Umarmung vermisst, ist das einzige was einem Nähe gibt, eventuell noch die eigene Bettdecke. Ein Depressiver Mensch braucht solche Dinge immer tausendmal mehr als ein Gesunder. Und wenn man sich dann einmal dazu durchringt, sich den Mut nimmt und sich bei jemandem ausweint und anvertraut, dann nimmt es niemand Ernst. Denn Niemand und ich meine wirklich niemand, außer die Depressiven selbst, verstehen diese Not in der man sich befindet.

Sie können es nicht verstehen und sie wollen es nicht. In der heutigen Gesellschaft ist für so ein Blödsinn eben einfach kein Platz. Du bist krank? Ja und? So schlimm ist das schon nicht, steh auf, werde gesund und sehe zu das du dem Staat nicht auf der Tasche liegst und arbeiten gehst. Das ist Heute das einzige was zählt und genauso wird mit einem umgegangen der krank ist. Man bekommt nicht einmal die Chance wieder gesund werden zu können, denn der Druck von Außen lässt es nicht zu. Das Ansehen der Gesellschaft und das eigene Wohl hängt nur von dem Thema Arbeit ab, also fängt das Spiel für jemanden wie mich von vorne an. Man stellt sich irgendwann wieder in den Hintergrund. Man versucht den Vorstellungen Anderer zu entsprechen um gut anzukommen. Die bereits gesammelten Erfahrungen an Zusammenbrüchen, versucht man zu vergessen und das nur um wieder Ernst genommen zu werden. Nicht nur in der Familie, nein auch im Freundeskreis.
Wie oft habe ich gesagt bekommen:

… Du bist doch gar nicht krank…
… Du schläfst doch eh nur aus und machst nichts…
… Wie kannst du nur arbeitslos zu hause herum sitzen…
… Warum gehst du nicht wenigstens halbtags wieder los.

Diese Aussagen haben mich also wieder einmal an mir zweifeln lassen und somit fing ich das Arbeiten wieder an. Viel früher als vom Arzt vorgesehen. Ich habe von Heute auf Morgen den Schritt von Null auf Hundert gewagt, um von meinen Freunden wieder Ernst genommen zu werden. Ich war Alleinerziehend, ohne Auto und Führerschein und übte einen Job aus, in sieben Kilometern Entfernung. Von Morgens um halb sieben bis

Mittags. Vor der Arbeit noch meine Sohn zur Tagesmama bringen und direkt nach der Arbeit schnell zurück, denn dann hatte er Kindergarten Schluss. Wie also kann so etwas lange gut gehen? So etwas ist für einen gesunden Menschen mit beiden Elternteilen schon schwer und wie soll das auf Dauer bitte jemand schaffen, der in keinster Weise einem vollkommen gesunden Menschen ähnelt? Die Freundin die mir diesen Job verschaffte, hat mir angeboten mich wenn es ihre Schicht zulässt, immer abzuholen und nach Haus zu bringen damit das Arbeiten für mich überhaupt möglich ist. Aber es kam wie es kommen musste, sie tat es nicht. Ich habe wie immer, also auch das irgendwie allein geschafft. Nebenbei fing ich dann mit einem Führerschein Crashkurs an, damit ich wenigstens den Stress mit dem Fahrrad fahren Morgens und Mittags nicht mehr hatte. Es lief gut, aber auch das hat mich sämtliche Kraft gekostet. Es war auf Dauer einfach abzusehen, das ich an all dem wieder zerbreche. Nachdem ich es einigermaßen geschafft habe aufzustehen, merkte ich das ich dabei bin wider den Boden unter den Füßen zu verlieren und das nur, weil ich anfing auf andere zu hören. Meine Laune wurde von Tag zu Tag schlechter, die schlaflosen Nächte kehrten zurück, das Gefühl von Wertlosigkeit kam wieder und mein Körper zeigte mir wieder einmal mehr, das ich zu all dem eben noch nicht in der Lage war. Ich hätte mich nie nach anderen richten sollen. Ich hätte auf mich hören sollen, egal was andere von mir halten. Ich hätte mein Leben einfach weiter leben sollen. Denn letztendlich befinde ich mich zur Zeit da wo ich nie wieder hin wollte. In einer Klinik. Ich hatte so einen starken Rückfall das ich mich für einige Tage in eine Klinik hab einweisen lassen und seit dem befinde ich mich in einer Tagesklinik zur

Stabilisierung. Und all das nur wegen den Erwartungen anderer Menschen.

Vergangenheit und Zukunft:

Wenn ich mir die letzten fünf Jahre in meine Erinnerungen rufe, weiß ich das ich vieles durchlebt hab. Von Suizidgedanken und dem sehnlichen Wunsch nach Stille und Frieden, bis hin zu dem größten Wunsch einfach einmal wieder Glücklich und gesund sein zu können. Es wurde Zeit für mich die Dinge selbst in die Hand zu nehmen und an mich zu glauben. Ich habe in den letzten Monaten einige schwere Entscheidungen getroffen. Ich habe jeglichen Kontakt zu meinem früheren Freundeskreis beendet. Ich traue nur noch meiner Familie. Ich habe meinen Sohn zu meinem Ex-Mann gegeben, weil es die Depression einfach nicht zu ließ, ihm ein normales Leben bieten zu können. Jetzt lebe mit einem neuen Partner an meine Seite zusammen. Der Aufenthalt der Tagesklinik endet in kurzer Zeit und dann werde ich mein Leben Neu beginnen. Mit all den gesammelten Erfahrungen und dem Wissen das dass Leben schneller zu Ende sein kann als einem lieb ist, werde ich versuchen aufzustehen und aufrecht zu bleiben. Ich werde das Verhältnis zu meinem Sohn stärken und wachsen lassen, denn jetzt wo ich die Zeit etwas mehr für mich hab, kann ich wieder gesund werden und an mir Arbeiten. Ich werde wieder lernen zu leben. Ich stehe auf und auch das tu ich allein.

Wenn ich etwas aus der Depression gelernt hab ist es, das man nie aufgeben darf. Ich werde diese Krankheit haben und ich werde auch ab und an fallen. Ich kann aber wieder Aufstehen und das egal wie schwer es ist. Wenn ich noch etwas gelernt habe ist es, das Niemand der all das nie durchlebt hat, nachvollziehen kann wie es einem geht. Kein Angehöriger, kein Fremder, kein Freund. Man ist damit allein. Ich bin jemand geworden, der all diese Schmerzen versteht. Ich weiß warum man anfängt sich zu ritzen, zu schneiden und selbst zu verletzen. Ich weiß warum man anfängt Alkohol zu trinken. Ich weiß welche Schmerzen eine Mutter erträgt, die an Wochenbettdepressionen leidet. Ich weiß welche Gedanken einen begleiten, wenn man das Ende seines Lebens plant. Und das was ich mit absoluter Gewissheit sagen kann, ist das die Gesellschaft einen links liegen lässt wenn man nicht mehr seine Dienste tut.

Nicht nur ich, sondern all diejenigen die dasselbe Schicksal wie ich teilen, haben eine der schwersten Aufgaben vor sich. Sie müssen wieder lernen zu Leben. Aber ich sage euch, es ist nicht unmöglich. Steht auf, seht in den Spiegel und macht euch bewusst das ihr immer noch da seid. Ihr lebt! Und das ist nicht selbstverständlich. Habt den Mut an euch zu Glauben. Habt die Kraft wieder Aufzustehen und nutzt die Chance neu zu Beginnen. Es wird nicht leicht sein und ihr werdet immer wieder fallen aber so lange der Wille nach dem Leben da ist, kann und wird euch nichts und niemand daran hindern das Lachen wieder zu lernen.

Ich habe vieles Verändert um an diesen Punkt zu gelangen. Es hat Jahre gedauert, aber es ist alles möglich solange man anfängt an sich zu Glauben. Ich bin mir ziemlich sicher, das dass Leben was ihr hattet mehr als nur schlecht war. All die Jahre der Krankheit, der Verzweiflung, der Trauer und der Erkenntnis das Nahestehende einem gerne im Stich lassen. Aber all das hindert einen nicht daran im Leben etwas zu ändern. Verändert den Blickwinkel und ihr werdet sehen, das dass Aufstehen gar nicht so schwer ist.

Lebe dein Leben

Danksagungen

Diese Buch

ist meinem Sohn

gewidmet.

Ich liebe dich

über alles mein

kleiner Engel.

Und ich wünsche

mir von ganzen Herzen,

das wir all das

nicht hätten

durchstehen müssen.

Du bist jetzt in guten Händen

und ich hoffe du verstehst das irgendwann.

In Liebe Mama

Hiermit möchte ich mich ganz doll

bei meinen Eltern bedanken,

denn ohne Sie wäre ich nie

wieder auf die Beine gekommen

Ebenso danke ich meinem jetzigen

Verlobten, denn er hat mir in den

letzten Monaten mehr die Augen

geöffnet, als es jemand anderes hätte tun

können. Schatz danke das du da bist.

Vielen Dank auch an meine Ärztin.

Ohne Sie, ihrer absoluten Feinfühligkeit

Menschen gegenüber und der schlussendlichen

Diagnose, wäre ich Heute noch nicht gesund.